劳动启蒙教育与
科技创新实践

主　编　焦玉君　华群青　黄桂胜
副主编　张霞峰　张文焘　何爱华　崔　霞
参　编　韦丽宝　杨丽华　吴　茜　何　凡
　　　　杨茹琪　陈　羲　林晓纯　杨梓姗
　　　　肖志慧　潘耀权　梁倩婷

重庆大学出版社

内容提要

本书为中等职业学校"劳动教育和实践"课程教材,全书共分为 4 个篇章,共 19 个项目。主要内容包括第一篇文化艺术:笔尖下的创意、浸染千年时光——扎染、玩转不织布、美丽绽放——餐巾折花 4 个项目;第二篇职业启蒙:咖啡师——咖啡拉花、黏土创作师——快乐黏土、剪纸师——创意剪纸、藤编师——品味藤编、发饰品设计师——小小发饰、木工——制作鲁班锁 6 个项目;第三篇创意智造:简易土壤湿度传感器制作、趣味水果电池制作、环保 DIY——自制吸尘器、用 3D 打印笔制作埃菲尔铁塔、招财猫智能机器人制作 5 个项目;第四篇人工智能:趣玩 microbit 编程、掌控板和 HUSKYLENS 二哈摄像头的人脸识别、创客魔方机器人(电子部分)设计制作、Python 和 OpenCV 的联合编程 4 个项目。

全书图文并茂、内容充实、生动活泼,具有较强的针对性、实用性、时代性,在篇幅和内容的安排上更加适合各类中职学校教学实际的需要。为了教学方便,本教材配有影像视频二维码,可以扫码观看。

图书在版编目(CIP)数据

劳动启蒙教育与科技创新实践 / 焦玉君,华群青,
黄桂胜主编. -- 重庆:重庆大学出版社,2022.12
　　ISBN 978-7-5689-3363-6

Ⅰ.①劳… Ⅱ.①焦… ②华… ③黄… Ⅲ.①劳动教
育—中等专业学校—教材 Ⅳ.①G40-015

中国版本图书馆 CIP 数据核字(2022)第 192707 号

劳动启蒙教育与科技创新实践
LAODONG QIMENG JIAOYU YU KEJI CHUANGXIN SHIJIAN
主　编 焦玉君　华群青　黄桂胜
副主编 张霞峰　张文焘　何爱华　崔　霞
特约编辑:周　立
责任编辑:苟苪羽　　版式设计:苟苪羽
责任校对:关德强　　责任印制:张　策

*

重庆大学出版社出版发行
出版人:饶帮华
社址:重庆市沙坪坝区大学城西路 21 号
邮编:401331
电话:(023)88617190　88617185(中小学)
传真:(023)88617186　88617166
网址:http://www.cqup.com.cn
邮箱:fxk@cqup.com.cn(营销中心)
全国新华书店经销
重庆天旭印务有限责任公司印刷

*

开本:720mm×1020mm　1/16　印张:9　字数:130 千
2022 年 12 月第 1 版　　2022 年 12 月第 1 次印刷
ISBN 978-7-5689-3363-6　定价:39.00 元

序

　　劳动是马克思主义唯物史观的核心内容,马克思主义的教育思想倡导培养体力、脑力全面发展的人,强调"教育与劳动生产相结合"是社会主义学校的本质特征。开展劳动教育是马克思主义政党培养人才的一贯要求。新中国成立以来,各级各类学校围绕劳动教育开展了富有成效的实践探索,为培养数以万计的社会主义建设者作出了重要贡献,确保了党的事业能够沿着社会主义方向前进。习近平总书记指示,要树立正确人才观,培育和践行社会主义核心价值观,着力提高人才培养质量,弘扬劳动光荣、技能宝贵、创造伟大的时代风尚,营造人人皆可成才、人人尽展其才的良好环境,努力培养数以亿计的高素质劳动者和技术技能人才。

　　劳动是推动人类社会进步的根本力量,是实现人健康成长的重要基础。2020年3月,中共中央、国务院发布《关于全面加强新时代大中小学劳动教育的意见》(以下简称《意见》)。《意见》要求,大中小学要建立起一套完备的劳动教育体系,该体系必须具有以下几个特征:一是各学段必须贯通。二是贯穿学校、家庭与社会等方面,以形成教育合力。三是与德育、智育、体育、美育相融合,体现德智体美劳全面发展的教育理念。四是有独立的大中小学劳动教育必修课的课程体系。专家表示,《意见》的出台,必将使新时代大中小学劳动教育呈现出前所未有的新局面,达到新高度。

　　职业启蒙教育是现代职业教育体系之根。国务院《关于加快发展现代职业教育的决定》和《现代职业教育体系建设规划（2014—2020 年）》对我国现代职业教育体系建设的目标予以明确。文件在职业准备教育之后，延伸了现代职业教育体系的高度，将职业继续教育包含其中。因此，就建立更大的现代职业教育体系而言，职业准备教育有了后续之路，那么，职业准备教育之前能做些什么呢？我们是否需要反思和追寻现代职业教育体系真正之根在哪里？显然，就是融于普通基础教育之中的职业启蒙教育。职业启蒙教育最重要的是培养学生初步的职业认知、职业信念、职业情感和职业态度，养成良好的职业通识习惯。因此，无论是从大职教观而言，还是从小职教观而论，无论个体未来面向的是学术专业岗位，还是技术技能岗位，都需要最初的职业启蒙教育。

创造性劳动，更多地体现为将体力劳动、重复性劳动转化成脑力劳动。如学会手工剪纸、手工藤编、创意画等，让学生通过剪、编、绘等动手操作来提升在工艺、技艺或设计等方面的思维能力，并学会克服困难，领略创新的美好，达到劳动目的，也传承和弘扬了非物质文化遗产。创造性劳动让学生获得成就感，陶冶其情操，并在劳动中获得启发，学会创新，学会专注，因而更鼓励创造性劳动实践。佛山市南海区理工职业技术学校始终秉承以劳树德、以劳逸美、以劳促创新的发展理念，德育铸魂，智育立慧，体育励志，美育怡情，劳育塑行。为学生搭建知识分享、创意交流、跨界碰撞、协同创造的劳技实践平台，对学生个性特长的发展，兴趣爱好的培养，以及创新能力的提升，起到了很好的助力作用，受到了学生、家长和老师们的欢迎，效果显著。

加强劳动教育是构建德智体美劳全面培养的教育体系的重要环节。劳动教育作为全面发展教育的重要组成部分，一方面与德育、智育、体育、美育密不可分，学生在劳动中培养道德情感，增长见识，开阔眼界，锻炼身体，提高审美；另一方面，劳动教育强调手脑并用、知行结合，在实践中获得劳动技能，培养劳动素养，发挥着独特的育人功能。但与德智体美其他四育相比，劳动教育仍是短板，一段时间以来，学校劳动教育存在窄化、泛化、异化等问题。若不科学解决劳动教育中存在的问题，将影响德智体美劳全面培养教育体系的构建、全面提高育人质量的实现,影响教育事业的整体发展。

　　佛山市南海区理工职业技术学校自 2017 年 5 月举办佛山市南海区首届校园创客节以来,经过近五年应用推广,完成本校学生的劳动和职业启蒙教育,作为广东省中小学劳动教育实践基地、佛山市南海区中小学职业启蒙教育基地,为周边中小学及社区服务,搭建知识分享、创意交流、跨界碰撞、协同创造的平台和服务机制。通过"请进来、走出去"的方式,为佛山市同济小学、黄岐中学、大沥中心小学等 25 所中小学开展创客夏令营、校园科技节、职业体验周、职业生涯教学、科普进社区等活动。构建了涵盖信息技术、财经商贸、旅游服务、文化艺术、加工制造 5 个类别 70 余门的劳动与职业启蒙教育课程体系。

　　佛山市南海区理工职业技术学校充分结合学校专业特点,发挥职业学校"离企业近、离科技近、离创新近"的特点,自 2016 年起就探索专业课程与劳动教育、职业启蒙课程的有机结合。2017 年起,学校逐步建立"蝶梦创客空间""行知职业体验中心""大城工匠工作室""美创汇""烘焙室"等实践场室,把劳动教育融入学生实习实训过程中,达到以劳增智促创新的良好效果,同时培养学生的创新精神和动手能力。

编　者

2022 年 3 月

前　言

2018 年,习近平总书记在全国教育大会上明确提出构建德智体美劳全面发展的教育体系,要求把劳动教育纳入培养社会主义建设者和接班人的总体要求之中。2020 年 3 月,中共中央、国务院发布《关于全面加强新时代大中小学劳动教育的意见》,对新时代劳动教育做了顶层设计和全面部署,构建了体现时代特征的大中小学劳动教育体系。2020 年 7 月,教育部印发《大中小学劳动教育指导纲要(试行)》,明确要求职业院校开设劳动专题教育必修课,不少于 16 学时。近年来,教育部相关部门、各省教育行政部门先后出台了关于劳动教育的相关文件,要求"加快构建德智体美劳全面培养的教育体系""落实立德树人根本任务,把劳动教育纳入人才培养全过程"等,让劳动教育有了明确的方向和标准。中职学校开展劳动教育有先天优势,如:乐于创新的"双师型"教师,拥有大量能够与企业生产直接对接的先进设备、仪器,课堂教学多采用任务驱动、项目教学的方式等,具备了开展劳动教育的基本条件。

为了贯彻落实习近平总书记关于教育的重要论述精神,特别是新时代劳动理念和劳动教育的重要论述精神,更好地指导职业院校开设好劳动教育课程,根据《关于全面加强新时代大中小学劳动教育的意见》和《大中小学劳动教育指导纲要(试行)》的要求,佛山市南海区理工职业技术学校在专家的指导下,根据以往实践经验,组织多名教师编写了《劳动启蒙教育与科技创新实践》。

基于问题导向和需求导向,本书编写的主旨是按照《关于全面加强新时代大中小学劳动教育的意见》和《大中小学劳动教育指导纲要(试行)》的要求,把准劳动教育价值取向,强化劳动价值认同,引导学生树立正确的劳动观。本书是以项目的形式呈现劳动启蒙教育与科技创新实践活动的。

　　本书由佛山市南海区理工职业技术学校焦玉君、华群青、黄桂胜担任主编,张霞峰、张文焘、佛山市教育局教学研究室何爱华、广东轻工职业技术学院崔霞担任副主编,参与编写的人员有韦丽宝、杨丽华、吴茜、何凡、杨茹琪、陈羲、林晓纯、杨梓姗、肖志慧、潘耀权、梁倩婷。本书各专题的编写分工明细如下:第一篇由吴茜、何凡、杨茹琪、陈羲、林晓纯、杨梓姗、肖志慧编写;第二篇由黄桂胜、韦丽宝、华群青、焦玉君编写;第三篇由张文焘、杨丽华、潘耀权、梁倩婷、何爱华、崔霞编写;第四篇由张霞峰编写。本书在编写过程中,参考和借鉴了劳动教育研究方面的文献资料和研究成果,在此谨向相关作者表示诚挚的感谢。由于编者水平有限,书中不足之处在所难免,敬请广大读者批评指正。

编　者
2022 年 3 月

目 录

3

第一篇 文化艺术

1 笔尖下的创意

　　黑白装饰画是用黑色和白色来塑造形体,画面用黑白色的点线面及形体巧妙组合,具有强烈的装饰感,是一种高度的概括艺术。黑白装饰画灵活运用多种表现方式,让画面中的黑白灰三个色阶变化丰富,虚实错落有致、疏密排列得体;在形体的表达上,或夸张、或变形、或提炼,整个画面具有特别的韵律、节奏感。

　　新时代的背景下,装饰创意画应用于各个领域中,如图1.1所示。了解黑白装饰创意画及应用,学会点线面的表现技法并运用点线面的表现技法绘制一幅创意画,培养学生善于观察、发现生活中美的事物的能力。

图 1.1　黑白创意画

1.1　表现方式

点线面是最基本的造型元素,如图 1.2 所示。

图 1.2　点线面的构成元素

(1)点的构成

点一般被认为是圆形的,但实际上点的形式是多种多样的,有圆形、方形、三角形、梯形、不规则形等,如图 1.3 所示。自然界中的任何形态缩小到一定程度都能产生不同形态的点。

点的表现技法如图 1.4 所示。

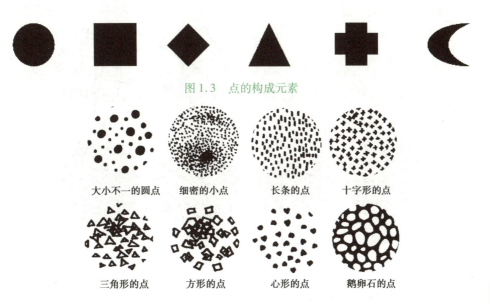

图 1.3 点的构成元素

大小不一的圆点　　细密的小点　　长条的点　　十字形的点

三角形的点　　方形的点　　心形的点　　鹅卵石的点

图 1.4 点的表现技法

(2)线的构成

线是点移动的轨迹,它游离于点和形之间。具有位置、长度、宽度、方向、形状和性格等属性。用不同的绘画工具画的线感觉也不同,如图 1.5 所示。

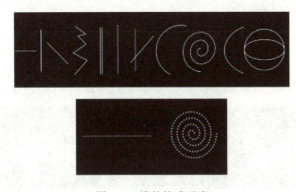

图 1.5 线的构成元素

线概括起来可分为两大类:直线和曲线。

直线:垂直线、水平线、斜线、折线、平行线、虚线和交叉线。

曲线:几何曲线(弧线、旋涡线、抛物线、圆)和自由曲线。

线的表现技法如图 1.6 所示。

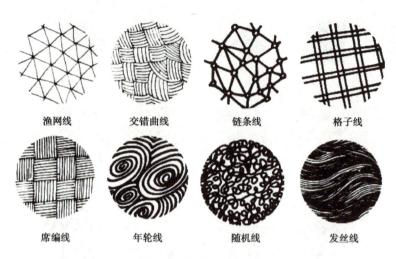

| 渔网线 | 交错曲线 | 链条线 | 格子线 |
| 席编线 | 年轮线 | 随机线 | 发丝线 |

图 1.6　线的表现技法

（3）面的构成

①几何形的面，表现规则、平稳和较为理性的视觉效果（等距密集排列），如图 1.7（a）所示。

②自然形的面，不同外形的物体以面的形式出现后，给人以更为生动的视觉效果，如图 1.7（b）所示。

③有机形的面，得出柔和、自然和抽象的面的形态，如图 1.7（c）所示。

④偶然形的面，自由、活泼且富有哲理性，如图 1.7（d）所示。

⑤人造形的面，呈现较为理性的人文特点，如图 1.7（e）所示。

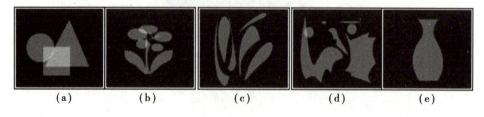

|（a）|（b）|（c）|（d）|（e）|

图 1.7　面的构成

面的表现技法如图 1.8 所示。

点、线、面装饰如图 1.9 所示。这是图案艺术最基本的语言装饰，三种不同的语言装饰产生完全不同的画面艺术效果。

衬托
白箭头衬托黑箭头，
黑箭头衬托白箭头，
黑白相互衬托

虚实
锯齿纹，黑白虚实相
生，相互依存

透叠
两个图形相交部分，形成
第三个图形，并且变换颜
色，有通透的效果

图 1.8　面的表现技法

点装饰　　　　　　　　　　线装饰　　　　　　　　　　面装饰

图 1.9　点、线、面装饰

1.2　材料准备

　　绘画和装裱需要的工具如图 1.10 和图 1.11 所示。绘画用的大头笔 1 支、
铅笔 1 支、针管笔 2 支、白纸 1 张、橡皮擦 1 块；装裱需要的剪刀 1 把、双面胶 1
卷、黑色卡纸 1 张。

大头笔　　　　铅笔　　　　针管笔　　　　白纸　　　　橡皮擦

图 1.10　绘画所用到的工具

剪刀　　　　　双面胶　　　　　卡纸

图 1.11　装裱所用到的工具

1.3　注意事项

①使用铅笔起稿时,力度尽量轻,不要在纸上留下较深的痕迹。

②画面适当留白,增加黑白灰对比的视觉效果。

③善于利用工具刻画细节,如利用针管笔刻画细微的地方,大头笔刻画外轮廓,这样会使画面更加有层次。

④利用家里现有的工具,创作更多的作品。

⑤装裱时使用剪刀等工具需要注意安全。

1.4　绘画创作

(1)构图

如图 1.12 所示,先在白纸上用铅笔描出图案的大体轮廓,在处理比较复杂的形体的时候要学会取舍,一些过于繁杂的小细节可以适当舍去。

步骤一　构图

图 1.12　构图

（2）勾线

如图1.13所示，线条干净利落，尽可能把物体的结构表现清楚，与铅笔线一致，有些偏差也不要紧，描完后将铅笔印用橡皮擦去。

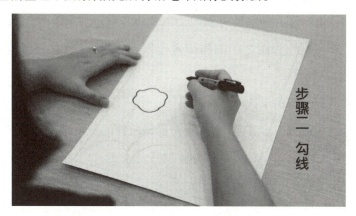

图1.13　勾线

（3）确定点线面的表现方式

如图1.14所示，把构思好的装饰区域，同样用中性笔描绘出来，要注意的是这一步使用的是中性笔，后期不易修改，所以一定要慎重落笔。加粗边缘线，强调主体，但要注意并不是每一条线都要加粗，线与线之间要有粗细变化，这样才能起到"突出"的作用，并使画面生动协调。

图1.14　确定点线面的表现方式

（4）花头精细刻画

如图1.15所示，花卉类黑白装饰画的视觉中心一般都是在花蕊部位，所以这一步要着重刻画花蕊部位。

在对物体进行深入塑造的时候：

①除了要注意线和线之间的粗细对比以外，也要注意单条线本身粗细的变化。

②注意区分灰色的层次。

③通过添加肌理来丰富整个画面，并根据肌理的灰度掌控画面的黑白灰关系，把物体暗部处理成深灰，可以塑造体积感。

图1.15　确定点线面的表现方式

（5）花瓣精细刻画

如图1.16所示，紧接着把花瓣部分也装饰好，要注意主次，花瓣的装饰不能盖过花蕊。

图1.16　花瓣精细刻画

（6）调整

如图 1.17 所示,最后是后期调整,可以在花瓣部位加些裤缝纹来强调主题。

图 1.17　调整

（7）装裱作品

图 1.18 为装裱作品。

图 1.18　装裱作品

2 浸染千年时光——扎染

了解我国传统文化——手工扎染艺术及发展历史,学会制作简单的单色扎染云纹 T 恤,培养学生对国家传统文化的热爱之情。

2.1 准备材料

如图 2.1 所示,纯棉 T 恤 1 件、染料 1 瓶、清水 1 盆、针 1 根、线 1 捆、剪刀 1 把、皮筋 10 个、手套 1 副、褪色笔 1 支、密封袋 1 个。

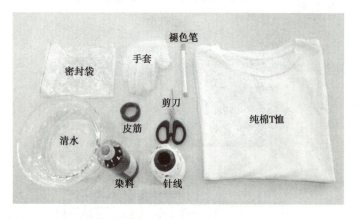

图 2.1 所需材料

2.2 注意事项

①桌面铺布(或旧报纸)。

②染色、拆线和清洗过程中要戴好手套。

③捆扎时,根据设计需要调整线、皮筋的松紧度(这样 T 恤的图案才会有层

次感)。

　　④T恤的材质要选用白色纯棉布,如果面料偏黄,染出的颜色会不够鲜艳;如果不是纯棉,则容易褪色,固色效果差。

　　⑤拆线需谨慎,不要剪坏衣服或弄伤自己。

2.3　扎染技法

　　(1)造型(图2.2)

图2.2　造型

　　(2)缝制(图2.3)

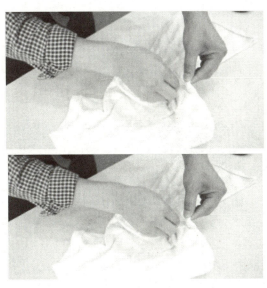

图2.3　缝制

（3）捆绑（图2.4）

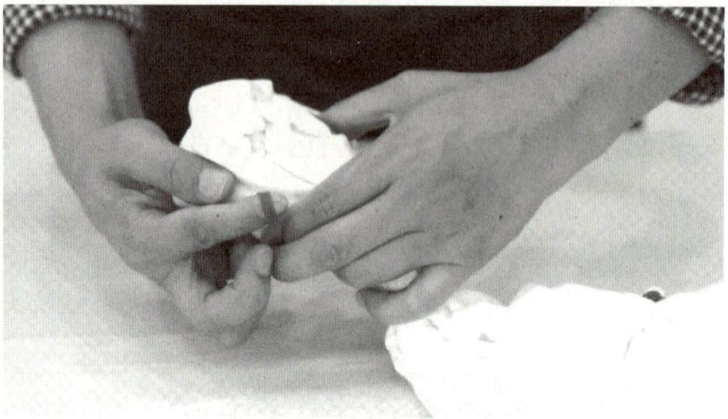

图2.4　捆绑

（4）染料调制（图2.5）

图2.5　染料调制

（5）染色（图2.6）

图2.6　染色

12

（6）拆线（图2.7）

图2.7　拆线

（7）清洗（图2.8）

图2.8　清洗

（8）完成（图2.9）

图2.9　作品展示

3　玩转不织布

　　本项目属于自己动手制作(Do It Yourself,DIY)创意。DIY 创意深受广大青少年的喜爱。不织布又叫无纺布,是一种不需要纺纱织布而形成的织物,只是将纺织短纤维或者长丝进行定向或随机排列,形成纤网结构,然后采用机械、热粘或化学等方法加固而成。防潮、透气、柔韧、质轻、不助燃、容易分解、无毒无刺激性、色彩丰富,没有经纬线,剪裁和缝纫都非常方便。希望学习此项目的你,能够喜欢上不织布 DIY,做一个心灵手巧的人。

　　不织布的特点如图 3.1 所示。

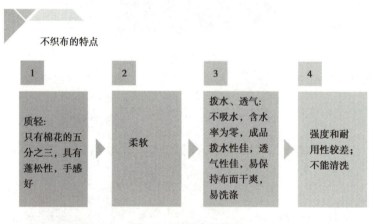

图 3.1　不织布的特点

　　为家人、朋友等你爱的人制作一份不织布手工礼物,学会用不织布传递爱,表达爱。不织布常用来做成如图 3.2 所示的小物件。

　　如图 3.3 所示为本项目的最终成果。

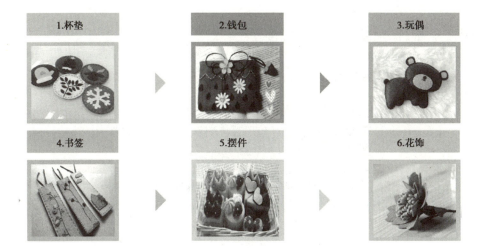

图 3.2   不织布作品

图 3.3   DIY 不织布整体效果图

3.1 常用针法

(1)平针缝(图3.4)

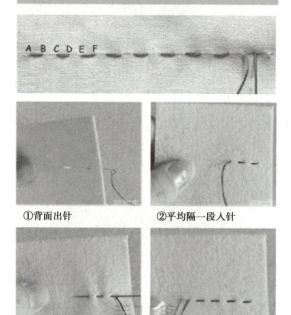

> **1.平针缝**
>
> 这是最常用的缝法,步骤如下:
> ①在布料的背面从下往上穿针。
> ②再从正面往前入针到背面,将线拉紧。
> ③完成第一针,留出距离继续下一针。
> **TIPS:** 针脚长度尽量一样,缝线在同一水平线上。拉线时不要拉太紧,缝后的线段才会美观好看。

A B C D E F

①背面出针   ②平均隔一段入针

③也可连缝两三针扣出   ④反复来回

图 3.4 平针缝

（2）贴布缝（图3.5）

2.贴布缝

贴布缝，即针线的上针和下针各在一条线上，等距离的上下抽针往前移动的缝法。常用于缝制贴布。

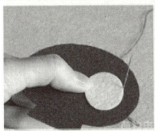
①贴着要缝的布边缘出针

②在眼片里3 mm处入针

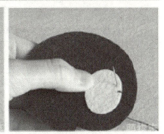
③隔一段再出针

④边缘处入针

⑤重复上面步骤缝一圈

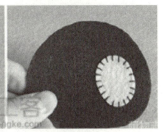
⑥上图为完成后的样子

图3.5 贴布缝

（3）回针缝（图3.6）

3.回针缝

回针缝，即每向前缝一针，都要往后退半针，边缝边拉紧线。日常生活中会用这种方法缝合拉链、裤裆、包包等牢固度要求较高的地方，也能用来缝漂亮的图案，如花茎图案等。要注意不能留洞，针脚尽量要均匀、整齐。

①从布料的背面穿针到正面

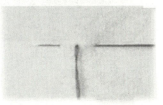
②向右边走一针从正面穿到背面，在始点向左面走一针之后再穿出来

③如图所示用②的方法再次穿过针
线(需要注意的是第二次穿到背面时
插入点是最初的穿出点)

④用同样的方法反复缝的话会出现
如图所示的效果

图3.6 回针缝

（4）卷边缝(图3.7)

4.卷边缝

卷边缝常常用于两块布的接合，在制作立体形状的物件或是装饰边缘时，尤为适用。

 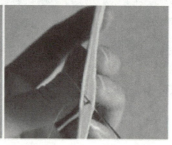

①背面出针

②正面斜着入针

③背面隔段距离出针

④正面再入针，反复来回

图3.7 卷边缝

(5)锁边缝(图3.8)

5.锁边缝

锁边缝,也叫毛边缝。这种方法一般用来缝制毛边,以防织物的毛边散开。

①从前片背面入针,绕到后片再从中间出针

②第一针完成后,再穿过前后两片背面入针

③前端挂上线再拉针

④同法依次缝合,注意密度一致

图3.8 锁边缝

3.2 材料准备

准备材料:尺子、不织布、记号笔、剪刀、各种针线、热熔胶枪和胶水、珠子、纽扣、花边和珍珠棉等,实物如图3.9所示。

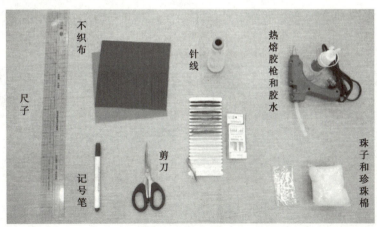

图3.9 材料准备

3.3 注意事项

①用手缝针时注意不要扎手,适当调整好线的松紧。

②塞入珍珠棉时要注意适度,塞得太满不好收口,塞得太松则造型不美观。

③使用热熔胶枪时,注意用电安全,使用后应及时切断电源。

3.4 制作步骤

(1)第1步——用笔绘制出一个半圆和叶子的形状,然后用剪刀对画样后的不织布进行裁剪,如图3.10、图3.11所示。

图3.10 绘制

图3.11 裁剪

(2)第2步——用针线把白色珠子钉制在红色的不织布上,做出草莓的纹路,如图3.12所示。

(3)第3步——把草莓的上沿用针线缝一圈,塞入适量的珍珠棉,然后拉紧线进行收口,如图3.13所示。

图3.12 白珠缝制

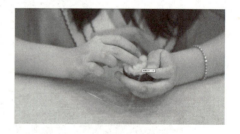
图3.13 拉线收口

(4)第4步——将叶子定好位置后,使用热熔胶枪粘合叶子和草莓,用手压紧叶子等待胶水干后松开,如图3.14 所示。

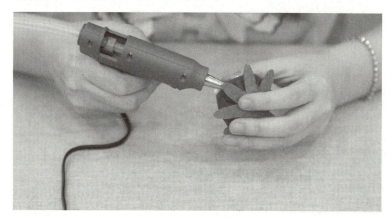

图 3.14　粘贴

(5)第 5 步——将草莓顶部的挂绳用针线缝制,完成小草莓的成品,如图 3.15 所示。

图 3.15　成品

4　美丽绽放——餐巾折花

　　餐巾花是指餐巾布经过折叠形成各种各样的"花"样,插在酒水杯或放置在盘碟内,作为餐台布置和装饰美化餐台中的艺术装饰品。在明清时期,宫廷和贵族宴会就出现了高档的锦缎绣花餐巾。现代我们使用的餐巾花是一种中西合璧的产物,被广泛应用于各式餐厅服务中,成为餐厅服务技能的一个重要组成部分。

　　"餐巾折花"课程让同学们体验餐巾花 DIY 的折叠乐趣,了解酒店管理专业的餐巾折花的文化及寓意,掌握餐巾折花的基本技巧,学会制作简单的餐巾盘花和若干种创新的杯花,培养劳动兴趣和审美能力,如图 4.1 所示为"玫瑰之恋"餐花。

图 4.1　"玫瑰之恋"餐花整体效果图

4.1　基本手法

　　(1)基本技法

　　基本技法流程如图 4.2 所示。

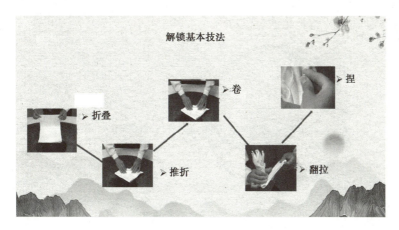

图 4.2　基本技法流程

（2）折叠方法

①"皇冠"的折叠法（图4.3）。

折叠简单，主要运用折叠的手法，注意左右对称

图 4.3　皇冠折叠法

②"扇面送爽"的折叠法（图4.4）。

主要运用推折的手法，注意左右对称，注意花型要挺拔

图 4.4　扇面送爽折叠法

第一篇　文化艺术

③"玫瑰之恋"的折叠法(图4.5)。

主要运用折叠和
卷的手法，注意
卷的力度，注意
花型要逼真

图4.5　玫瑰之恋折叠法

4.2　注意事项

①桌面要干净平整。

②要求使用正方形的小方巾。

③操作过程中要注意手法卫生。

④采用玻璃杯要注意安全操作。

⑤手法要正确,褶皱要均匀,花型才会挺拔美观。

4.3　制作步骤

(1)进行第一种餐巾花制作——"皇冠",完成过程如图4.6至图4.11所示。

图4.6　对折

图4.7　中线对折

图4.8　对折成平行四边形

图4.9　翻转沿长边对折

图4.10　对折

图4.11　成型

（2）运用同样的基本手法完成图4.12、图4.13所示餐巾花的制作。

图4.12　"扇面送爽"（主要手法：对折、推折）

图 4.13 "玫瑰之恋"（主要手法:对折、卷）

　　(3)运用基本技法进行餐巾花创新——"彩蝶纷飞",完成过程如图 4.14 至图 4.19 所示。

图 4.14 中线对折

图 4.15 翻折

图4.16 卷折

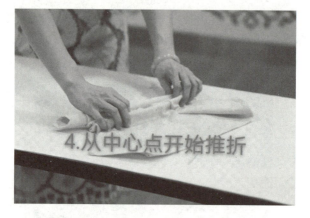

图4.17 推折

图4.18 对折

28

图4.19 插杯

餐巾折花——做美丽的传承者:会制作,掌握技法,有劳动技能;能创作,有创新能力;发现美,有审美情趣;传承美,有讲授、传播能力。

第二篇　职业启蒙

5　咖啡师——咖啡拉花

一粒粒咖啡豆,经过咖啡师们的筛选、焙烤、研磨,再加上精湛的技艺,就能调制出各具风味的咖啡来。无论是在咖啡馆或是西餐厅,当咖啡散发着迷人的醇香时,你不禁要为这既能触动你的视觉又能满足你的味蕾的艺术创作而感叹!咖啡师制作的不仅仅是一杯咖啡,也是在创造咖啡文化,在不断地追求和提升生活品质。本课让学生了解咖啡文化,体验咖啡基本的制作过程,引导学生在美好的职业体验中培养对专业的感知与兴趣。

5.1　主要内容

①认识咖啡;②观摩咖啡的研磨、煮制及拉花;③参与制作属于自己人生的第一杯咖啡,并与他人分享。

5.2　注意事项

拉花缸有大有小,如果你的奶泡总是打不好,或者咖啡机蒸汽不足,那么就需要想想拉花缸的选择是否有问题。图5.1为拉花缸的大小对比图,粗嘴的适合推郁金香图案,尖嘴的适合各种图案组合以及压纹图案。图5.2为拉花缸的容量大小细节,购买时以缸体钢印为准。

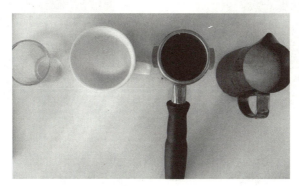

图5.1　拉花缸

图5.2　拉花缸的容量大小细节

5.3　制作步骤

咖啡拉花桃心图案的制作步骤如下。

(1)咖啡拉花要先准备牛奶,牛奶温度在4 ℃左右最好,牛奶注入拉花缸的一半。图5.3为制作一杯的量,所以用了一个小的拉花缸,并且准备了一个盎司杯。

图 5.3　牛奶注入拉花缸

图 5.4　拉花缸放一次蒸汽

（2）萃取意式浓缩咖啡，一盎司就可以，简单的意式浓缩和美式咖啡制作，如图 5.4 所示。

（3）萃取后，先放一次蒸汽，然后开始打奶泡（熟练以后，可以在萃取时打奶泡），如图 5.5 所示。

图 5.5　开始打奶泡

（4）奶泡要绵密，如果有气泡可以轻微摇晃或者轻轻振动几下拉花缸。

（5）重点来了，你要倾斜你的咖啡杯，杯把对着自己，融合液面和出图点，如图 5.6 所示。还有一点，制作拉花只有缸口距离杯子很近时才能出图。出图

时,慢慢回正你的咖啡杯,并轻轻晃动拉花缸,最后抬高拉花缸,收"心尖",如图
5.7所示。

图5.6　打奶泡标注点

图5.7　咖啡拉花桃心图案

　　(6)新手可以按照图5.8来练习拉花。如何衡量一个拉花是否拉得好,要
看图形的对称性(图5.7中的桃心左边多了一点,咖啡距离杯满还差一点),拉
花好的咖啡喝完后,杯子上面会留下黄金圈,还会保留图形的美观度。

图5.8　练习拉花

6 黏土创作师——快乐黏土

让学生了解泥工职业和黏土特性,认识黏土制作需要的工具、材料,黏土基本的制作方法,掌握色彩的配色原理,培养学生感受和创造美,以及手脑并用能力、专注力和自制力。

6.1 主要内容

通过捏轻黏土这种丰富多彩的活动,培养学生动手能力、欣赏美和创造美的能力,并在活动中促进学生学习方式的转变,激发学生的兴趣,推动学生从立体的角度去认识、观察与欣赏事物,发展学生的想象能力,并结合讲授,以基础技法带动创新技法,发挥学生的主观能动性,让学生按自己的理念去表现作品,展示自我,从而使学生的空间创造能力得到发展。

6.2 注意事项

①穿休闲裤,手上不可佩戴过多饰物,手面保持干净。
②课前做好充分的准备活动,重点活动双手。
③注意剪刀的安全使用,节约用材,环保设计。
④活动中一切行动听指挥,注意操作安全。

6.3 制作步骤

橡皮泥有很好的可塑性,可以反复利用,即使做错了也有重来的机会,是最适合做手工的材料之一。此次把橡皮泥和卡纸结合,做出可爱的狮子一家,如图 6.1 所示。

图6.1 黏土作品：可爱的狮子

材料工具：橡皮泥、卡纸、彩纸、剪刀、记号笔、胶棒、橡皮泥工具，如图6.2所示。

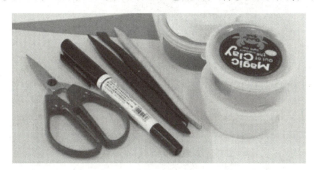

图6.2 材料及工具

（1）先拿出准备好的黄色橡皮泥，如图6.3所示，揉成一个球，放到桌面上稍稍压扁，做狮子的头。

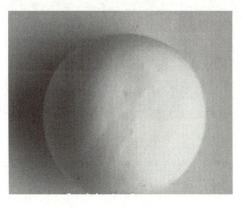

图6.3 黄色橡皮泥

（2）接着拿起橘色的橡皮泥，做成瓜子的形状，围着头部贴上一圈，如图6.4所示。

图6.4　瓜子的形状

（3）用黄色和白色橡皮泥做圆圆的耳朵，用黑色和白色橡皮泥做眼睛，用棕色橡皮泥做鼻子，用白色橡皮泥做嘴巴，如图6.5所示。

图6.5　耳朵、眼睛、鼻子、嘴巴的制作

（4）拿出工具，在橘色毛发上压出痕，在白色嘴巴上戳一些小坑。再用一点黑色卡纸剪出胡子，贴在嘴巴两侧，如图6.6所示。

图6.6　用工具压出痕,黑色卡纸剪出胡子

　　(5)取出蓝色卡纸,卷起来做成一个圆锥体,底部剪平。这是狮子的身体,如图6.7所示。

图6.7　狮子的身体制作

　　(6)在上部贴黄色纸,再用白色纸做出领子,如图6.8所示。

图6.8　白色纸做出领子

（7）用橘色纸做领带,用两种蓝色卡纸做出西装,再用记号笔画一下细节,如图6.9所示。

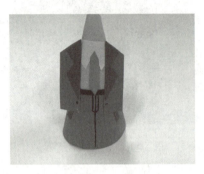

图6.9 橘色纸做领带

（8）把前面做好的头放到顶部,再用卡纸做一个公文包,让狮子爸爸拿着,如图6.10所示。

图6.10 用卡纸做一个公文包

（9）按照相似的方法,再做出狮子妈妈和狮子女儿,如图6.11所示。

图6.11 做出狮子妈妈和狮子女儿

7 剪纸师——创意剪纸

剪纸是一种民间艺术,学习剪纸能够培养学生的思维能力、动手能力、审美能力,促进学生艺术的感知和欣赏能力、艺术表现和创作能力,形成基本的美术素养,培养学生对民间传统工艺的热爱。本项目旨在让学生了解剪纸的方法和步骤,能运用简单的手法制作简单的剪纸作品,掌握剪纸的造型装饰手法,学会看各种折法示意图,了解各种符号的意义。

7.1 主要内容

剪纸是一种民间传统工艺品,早在汉、唐时代,民间就有使用金箔、银箔和彩帛剪成方胜、花鸟贴上鬓角为饰的风尚。后来逐步发展,在节日中,用色纸剪成花草、动物或人物故事,贴在窗户上(叫"窗花")、贴在门楣上(叫"门签")作为装饰,也有作为礼物装饰或刺绣花样之用的。剪纸的工具,一般只用一把小剪刀,有的职业艺人则用一种特制的刻刀刻制,称为"刻纸"。

剪纸、刻纸是不分家的一种艺术,都是纸张镂空技术。剪纸、刻纸,历史年代悠久,文化底蕴深厚,剪纸按纹样大致可以分为人物、鸟兽、文字、器用、鳞介、花木、果菜、昆虫、山水等。按剪纸的特点,表现为题材的寓意可分为纳吉、祝福、避邪、除恶、劝勉、警戒、趣味等。

剪纸、刻纸是一项非常有趣的艺术活动,深受人们的喜爱。通过剪纸艺术的学习可以让学生坚定热爱祖国民间艺术的信念,培养他们传承发扬民间艺术的情感,提高审美能力和创作能力,进而感受剪纸、刻纸的独特艺术之美。

7.2　注意事项

准备材料:小刻刀、剪刀、彩色纸(两至三色)、胶水、白色卡纸、铅笔、绘画纸、复写纸等。

①剪刻:应本着先上后下、先左后右、先里后外、先细后粗的顺序进行操作。剪纸、刻纸时还应注意,里面要用刀子刻不能用手撕,否则,剪纸会带毛边而影响美观。

②揭离:剪刻纸完毕后,需要把剪纸一张张揭开,电光纸、绒面纸因纸面光滑,比较容易揭开。

③粘贴:揭离后,还需把成品粘贴起来,便于保存。

7.3　制作步骤

窗花是指贴在窗子或窗户玻璃上的剪纸,如图 7.1 所示,是中国古老的传统民间艺术之一。过去无论南方北方,春节期间都贴窗花。

图 7.1　剪纸作品

分享一个简单的剪纸教程,用六折法剪纸团花。你可以在春节或是其他节日时粘贴上作为装饰。小伙伴们是不是有点心动？请准备好纸张、笔和一把剪刀，按照图7.2至图7.11的步骤完成剪纸团花。

（1）准备一张正方形的红色纸。

图7.2　正方形的红色纸

（2）先对角折叠一下，压平。

图7.3　正方形的红色纸对角折叠

（3）把顶边的中点找出来，然后三等分，每个角为60°。

图7.4　把顶边的中点找出来，然后三等分

42

（4）沿着确定好的等分线折叠。

图7.5　沿着确定好的等分线折叠

（5）再对折一下。

图7.6　再对折一下

（6）画一条直线，右边部分是等腰三角形。

图 7.7　等腰三角形

（7）将多余部分剪去。

图 7.8　将多余部分剪去

（8）开始剪纸。

图 7.9　开始剪纸

(9) 全部剪好后应该是这样的。

图7.10　顶部的剪法

(10) 小心地打开，一个漂亮的团花剪纸就完成了。

图7.11　展开团花剪纸

8 藤编师——品味藤编

手工藤编师职业体验活动过程中采用纯手工,进行单个藤编工艺品编织,每个作品都需要投入大量时间与精力,耐心编织。一道道工序,都须倾入耐心与智慧才能成功,经过这样的过程可以培养学生工匠精神和耐力,发展学生的生活乐趣和创造力,让学生变得更加有恒心和自信心。手工藤编工艺品,追求浓郁的田园气息、返璞归真的风格,也可以感染制作它的每个人,以最简单的横与竖交织,将实用与美观巧妙地融于一体,简约而不失风度,犀利的直线勾勒出简单大气的风范。让学生欣赏民间工艺美术品,了解编织艺术设计知识,基本掌握草节的编织步骤,形成初步设计意识。

8.1 主要内容

手工藤编编织品是一种传统实用的工艺品,利用藤编材料可以编织各种器皿和家具。藤编的历史可追溯到唐代,儋州(今海南儋县)、琼州(今广东琼山)等地居民以野鹿藤编织成帘幕,有的还被编为花卉、虫鱼、鸟兽等图案,工艺精细。开元至元丰年间(713—1085),岭南等地向朝廷进贡皮藤、五色藤盘。清代初期,随着民间藤器作坊的发展,织作藤器者增多,特别是五羊(今广州)等地藤器作坊更多。嘉庆十九年(1814)后,印度尼西亚等国的原藤进口广东,南海沙贝村渔民首先编织席、椅、褥垫等藤器,生产更加兴旺。20世纪以来,广东藤编除了广州外,还发展到佛山、江门等地区,并以南海沙贝村、黄歧村为主,号称藤编之乡。20世纪80年代以来,湖南、浙江、云南等地也发展藤编生产。我国藤编工艺品现已出口美国、意大利、西班牙等几十个国家和地区。

藤编一般经过打藤（削去藤上的节疤）、拣藤、洗藤、晒藤、拗藤、拉藤（刨藤）、削藤、漂白、染色、编织、上油漆等十几道工序。在色彩上，大多采用原藤的浅黄色，或加工、漂白为白色、象牙色，显得柔和典雅，有些则配以咖啡色、棕色等。藤编家具以粗大的藤条为骨架，经钉架，再用藤皮、藤芯编织而成，最后上油漆或上色。

藤编约有 5 000 多个花色品种，藤编制品具有轻巧、凉爽、耐用等特点，富有天然情趣和时代气息，纯粹的手工爱好也是最惬意的。利用闲暇时间根据自己的心情喜好设计制作，完工后用于装饰，可给自己的居室添一点色彩，不仅是对身心健康的保护，更是彰显生活品味的完美装饰，生活情趣跃然藤编技艺之中。

项目内容：①手工藤编基础编织；②手工藤编工艺品制作；③手工藤编工艺品欣赏。

8.2　注意事项

①穿休闲裤，手上不可佩戴过多饰物，手面保持干净。

②课前做好充分的准备活动，重点活动双手。

③注意安全使用剪刀，裁减材料时注意长度，避免浪费。

8.3　制作步骤

手工藤编收纳筐，如图 8.1 所示。

图 8.1　藤编作品

藤编是一种传统实用手工艺,一般需要经过打藤(削去藤上的节疤)、拣藤、洗藤、晒藤、拗藤、拉藤(刨藤)、削藤、漂白、染色、编织、上油漆等十几道工序。藤编的主要工具与材料如图8.2所示。

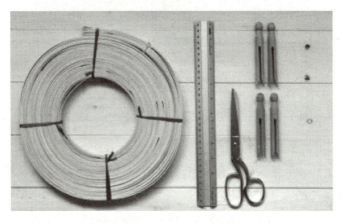

图8.2 主要工具与材料

(1)首先要制作的这个漂亮的藤编收纳筐,不需要这么复杂的工序,采用处理好的藤条来编织,藤条如图8.3所示,其编织步骤如图8.4至图8.18所示。

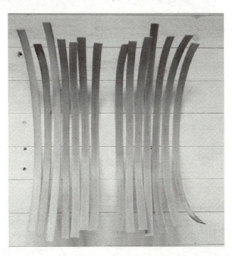

图8.3 藤条原材料

(2)截取长短差不多的藤条。放入温水中浸泡大约1小时,拿出来去掉藤条上的水分。

图 8.4　藤条浸泡去水分

（3）做一个正方形的收纳筐，横向和纵向的藤条长度和数量都是 7 条，长度根据目标收纳筐的大小来确定。

图 8.5　横向和纵向的藤条编织

（4）将 7 根藤条紧密排列，并用胶带固定。

图 8.6　胶带固定藤条

（5）开始横向错位编织收纳筐的底部,交织着编织出正方形的底部。

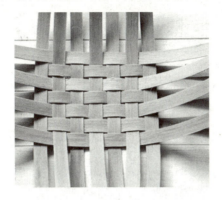

图 8.7　错位编织收纳筐的底部

（6）藤条的柔韧性很好,即使这么折也不会断。

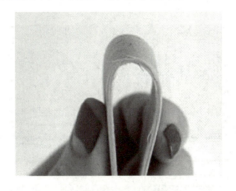

图 8.8　藤条的柔韧性

（7）把底部边上的藤条全部折起来。

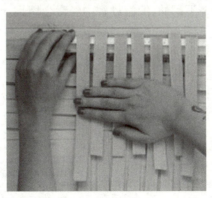

图 8.9　底部边上的藤条全部折起

（8）开始编织收纳筐的侧边。

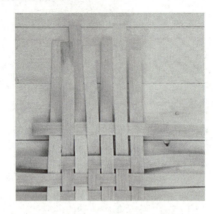

图 8.10　编织收纳筐的侧边

（9）编织收纳筐的另一侧边。

图 8.11　编织收纳筐的另一侧边

（10）一把尺子是少不了的，编筐过程中经常会用到。

图 8.12　尺子工具在编筐中应用

(11)收纳筐的样子出来了。

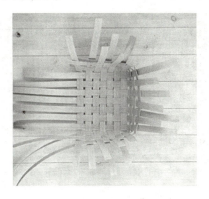

图 8.13　收纳筐四周

(12)侧边编好的收纳筐以及侧边收纳筐收边。

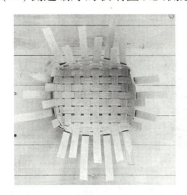

图 8.14　侧边编好的收纳筐

图 8.15　侧边收纳筐收边

(13)最后的收尾,将多余的藤条插入到编好的藤条中去。

图 8.16　多余的藤条插入到编好的藤条中

(14)为了增加筐的强度,内侧增加一根藤条。

图8.17　内侧增加一根藤条

(15)多出的部分也插入藤条里,最后形成完整的藤编收纳筐。方形的藤编收纳筐,经久耐用,可以用来放各种杂物。

图8.18　多出部分插入藤条里形成完整的藤编收纳筐

9　发饰品设计师——小小发饰

任何一件发饰品的制作都是一种具有复杂结构的创造活动。从材料的选择到制作方法、步骤的确定，从动手制作到不断修改和完善的全过程，充满了创造精神、形象思维和逻辑思维的交融。劳动在素质培养上有着其独特的优势，起着其他学科无法替代的作用。劳动不仅创造了美的自然界，美的生活和艺术，而且创造出懂得艺术和能够欣赏美的大众。发饰手工品制作，在某种意义上来说，就是一个欣赏美、鉴别美、创造美的过程。

9.1　主要内容

认识发饰品与生活密切相关，学会用简单的材料美化生活，初步培养动手能力，进一步发展学生的创新意识和创造能力。通过发饰品制作，让学生在活动中感受制作的快乐，提高学生的动手能力和发现美的能力。

发饰品是形象设计中妆容的一个表现形式，自行设计发饰品并制作出来，会让设计出来的妆容更符合自己想要的风格。小小的一个发饰品，在整个妆容中起到画龙点睛的作用。发饰制作为学生提供了一个锻炼创造精神的活动空间，在陶冶情操的同时，提高学生动手能力，发展学生的创新精神，增强学生的自信。

项目内容：①发饰品基础制作；②发饰品创意 DIY；③欣赏优秀的发饰作品。

9.2 注意事项

①安全使用工具的要求。

②熟悉发饰品制作示范。

③为确保制作过程的安全性,教学内容简单易学。

④活动中一切行动听指挥,同时避免活动中受外界干扰,防止在使用工具的时候造成不必要的受伤。

9.3 制作步骤

(1)首先备好材料和工具,分别有热熔胶枪和胶、小剪刀、丝带若干条、发夹、QQ线、双面胶等,如图9.1所示,这些材料可以在网上买到,同样也可以自己集齐。

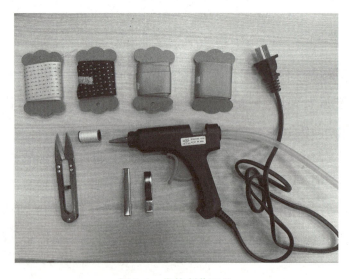

图9.1 发饰制作工具

准备好所有材料后,我们就要开始制作了,操作步骤如图9.2至图9.7所示。

(2)将你喜欢的丝带剪成3段,颜色按自己的喜好搭配,长度在13~14 cm。

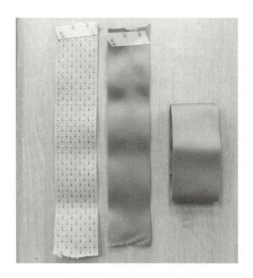

图 9.2　丝带剪成 3 段

（3）用双面胶将一根丝带的一头分别贴上，将顶端和尾端粘在一起，形成了一个圆圈，然后将三根丝带头尾同样连接起来，形成圆圈形状。

图 9.3　三根丝带头尾同样连接起来形成圈

（4）接下来，我们事先准备的 QQ 线就派上用场了。用手将圆圈中端挤出皱褶，用一只手捏住，然后用 QQ 线将中间绑紧，剪掉多余白线，就是一个可爱的蝴蝶结了。

第二篇　职业启蒙

图9.4　用QQ线将中间绑紧

（5）将之前的三个丝带圈，用同样的方法绑成蝴蝶结，这样发饰的大概模型就出来了。

图9.5　绑成蝴蝶结

（6）接下来的一步，要用到胶枪，将相同颜色的蝴蝶结粘在一起。第一次尝试注意不要把胶棒融化挤出来的胶滴到手上，温度过高会烫到手。

图 9.6 相同颜色的蝴蝶结粘在一起

（7）最后一步同样是使用胶枪，将粉色蝴蝶结叠粘在两个绿色蝴蝶结上。最后使用胶枪将背面与发夹粘起来。如果喜欢小配饰，还可以再加上点缀，这样简单的手工发夹就完成了。

图 9.7 粉色蝴蝶结叠粘在两个绿色蝴蝶结上

（8）其他各种款式发饰如图9.8所示。

图9.8　各种款式发饰

10　木工——制作鲁班锁

让学生了解简易鲁班锁的 CAD 设计,看懂设计图纸,通过刨刀、凿刀、手工锯、锉刀等加工简易鲁班锁,了解基本的拼接步骤和顺序,培养学生的观察能力、动手能力和思考能力,使学生体会中国的传统文化。

10.1　主要内容

鲁班锁也叫作孔明锁、八卦锁,相传由鲁班发明(也有一种说法是由诸葛亮发明的)。鲁班锁是曾经广泛流传于民间的智力玩具,是中国传统的木制榫卯结构,是中国传统木结构建筑构件——斗拱的基础。鲁班锁最大的特点在于,其不需要用到任何钉子和绳子,完全靠自身结构连接,看似简单却暗藏玄机。

10.2　注意事项

所用材料:红榉、花梨等木材。

主要工具:台锯、带锯、平刨、压刨、砂带机、砂纸、型材切割锯、木工凿、木工胶。

10.3　制作步骤

制作步骤基本过程:①测量划线;②锯切;③挫平打磨。

主要工具:铅笔、尺子、线锯、刻刀、小锉刀、砂纸。

做一把如图 10.1 所示的 3 根鲁班锁,属于最基础的一种。掌握原理和工具的使用方法后,还可以挑战高的难度,甚至设计机关,研发出你自己的鲁班锁。

图 10.1　3 根鲁班锁

（1）测量划线：使用直尺和铅笔，测量出如图 10.2 所示的尺寸，在相应地方作好记号，并画线，在每个面画出田字，方便后面的找齐切割。

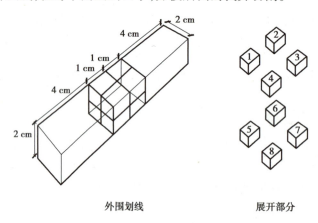

图 10.2　测量划线

（2）分组切割：如图 10.3 所示，在每个木棒上，对已经画线部分进行编号或者把需要去掉的部分涂黑，为后续用手锯切割做好标记，如图 10.4 所示。

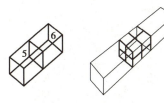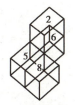

第一、三根保留部分   第二根保留部分

图 10.3　分组切割

图 10.4　在木块上划线

（3）锯切。使用到线锯,如图 10.5 所示,先把第一、三根的锯割,如图 10.6 所示,把第二根的锯割,多余部分用刻刀找平,注意不要削多,一边比对一边削,锯削过多容易导致最后成品松动,同时始终注意安全。

第一、三根的锯割

A 第一刀1 cm
B 第二刀1 cm
C 第三刀2 cm

E 第四刀1 cm
F 第五刀1 cm
G 第六刀2 cm

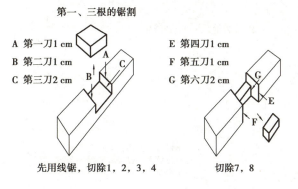

先用线锯,切除1,2,3,4   切除7,8

图 10.5　第一、三根的锯割

第二根的锯割

A 第一刀1 cm   E 第四刀1 cm

B 第二刀1 cm   F 第五刀1 cm

C 第三刀1 cm   G 第六刀1 cm

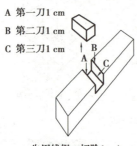

先用线锯，切除1，4   再切3，7

图10.6　第二根的锯割

（4）使用线锯时，前后要注意保持锯缝不歪。使用线锯的任何情况下，都必须垂直向下拉锯，保证垂直不歪。如图10.7所示。

图10.7　使用线锯锯割

（5）刀削、搓平和打磨。使用线锯锯割后，木棒表面比较粗糙，需要戴上手套，使用刻刀去掉毛刺，再用锉刀半精加工，最后用砂纸将加工面进行打磨，使表面光滑。

取第一根把5、6打磨成圆柱

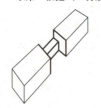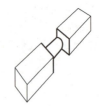

缓慢打磨，右边是截面参考
可以放入尝试锁榫直接的摩擦
牢固感

图10.8　刀削、搓平和打磨

（6）主要使用的刀是月牙刀和侧刀,图10.9所示是使用月牙刀,倍棱角和上锁口上下面使用到月牙刀。锁口一边插试一边削,注意不要打磨过多导致松动。

图10.9　月牙刀和侧刀加工倍棱角和上锁口

（7）主要使用的刀是月牙刀和侧刀,图10.9所示是使用月牙刀,倍棱角和上锁口上下面使用到月牙刀。锁口一边插试一边削,注意不要打磨过多导致松动。

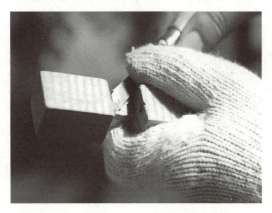

图10.10　侧刀削里侧面

（8）最后如图10.11所示,用锉刀打磨锁口,打磨部分后,进行装配,不断调整,保证配紧密,锁口不会出现太松现象。

图 10.11　锉刀打磨

（9）最后对作品进行组装，如图 10.12 所示。

图 10.12　作品组装

11　简易土壤湿度传感器制作

让学生了解土壤湿度元器件电路原理,了解元器件在电路板上焊接制作的过程,认识和操作焊接工具,了解常用的电子元器件如发光二极管、湿度传感器等,培养学生质量意识和安全意识,培养学生严谨认真的学习态度。

土壤湿度传感器又名:土壤水分传感器、土壤墒情传感器、土壤含水量传感器。主要用来测量土壤容积含水量,做土壤墒情监测、农业灌溉和林业防护。常用的土壤湿度传感器有 FDR 型和 TDR 型,即频域型和时域型。目前比较流行的是 FDR 型,常用型号 HA2001,FDR 频域反射仪是一种用于测量土壤水分的仪器,它具有简便安全、快速准确、定点连续、自动化、宽量程、少标定等优点。简易土壤湿度传感器制作效果图如图 11.1 所示。

图 11.1　效果图

11.1　安全规则

①使用斜口钳、尖嘴钳等工具时要注意安全。

②使用电烙铁要注意用电安全和防止被高温的烙铁头烫伤。

11.2　材料准备

材料明细见表 11.1。

表 11.1　材料明细表

序号	名称	数量	序号	名称	数量
1	电烙铁	1个	6	开关 S	1个
2	烙铁架	1个	7	导线	若干
3	焊锡	若干	8	电路板	一个
4	斜口钳	1个	9	3 V 电池盒	1个
5	尖嘴钳	1个	10	湿度传感器	1个

11.3　电路原理

土壤湿度传感器元器件电路原理图如图 11.2 所示。

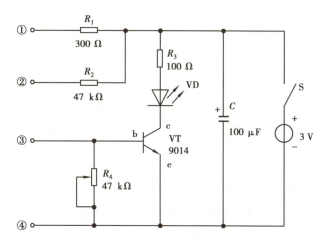

图 11.2 土壤湿度传感器元器件电路原理图

11.4 制作过程

①根据电路原理图的要求在电路板上插放电子元器件并焊接电路。

②将土壤湿度测试器电路 1 和 3 之间连接一个湿敏传感器。将土壤湿度测试器的湿敏传感器插入土壤中后,土壤就成为 1 和 3 两端的导体。

③向花盆浇水,使泥土较为湿润,土壤的电阻变小。三极管进入饱和导通状态,集电极电流流过发光二极管,发光二极管发光;相反,当土壤水分不足,土壤电阻很大,三极管截止,发光二极管不亮。这表明土壤湿度测试器制作成功。下附土壤湿度测试器电路连接实物图,如图 11.3 所示。

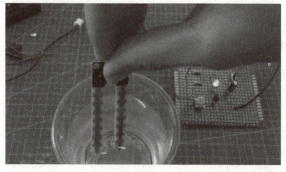

图 11.3 土壤湿度测试器电路连接实物图

12　趣味水果电池制作

生活中处处需要电(图 12.1),电的重要性不言而喻,电是从哪里来的呢?
有哪些方式可以产生电呢? 本次课程通过水果电池进行实验,让学生了解电的
产生,了解发电原理,探索其中的奥秘。培养学生善于观察与思考的习惯,提升
学生的动手能力和学习兴趣。

图 12.1　电子产品

12.1　安全规则

①使用刀具切割水果时要注意不要割到手。

②注意电极要竖直插在水果上。

③注意水果串联的方式、电极连接的方式。

④线路连接时,避免铜片与锌片碰触在一起。

⑤实验使用过的水果含有较多的金属离子,因此不能食用。

12.2　材料准备

制作水果电池需要的工具与材料如图 12.2 所示,水果刀 1 把,铜片与锌片
各 5 片,细导线若干根,LED 灯若干个,鳄鱼夹若干个,柠檬 4 个,西红柿 4 个。

图 12.2　材料准备

12.3　解密水果电池发光原理

如图 12.3 所示,水果电池实验中,铜条就是电池的正极,锌条就是负极。

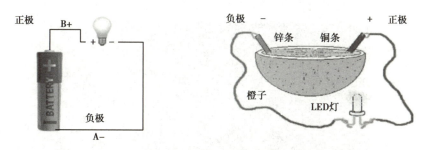

图 12.3　水果电池发光原理

水果和蔬菜含有果酸,果酸是一种电解质,当插入铜条和锌条时就会产生电流。

水果越酸发电能力越好。果酸是一种电解质,它能让铜条和锌条发生置换反应,从而产生电流。铜条可用五角硬币代替,锌条可用镀锌的螺丝钉代替。如图 12.4 所示串联越多,等于串起来的电池越多,电流越大。

生活中的水果有很多,比如橘子、马铃薯、苹果等,是不是都能发电呢?鼓励动手进行居家小实验,一起探索科学的魅力。

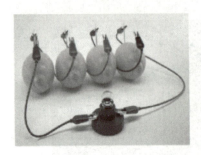

图 12.4　水果电池发光强度原理

12.4　趣味制作

（1）柠檬水果电池

①水果切割。如图 12.5 所示，务必注意使用刀具的安全，将柠檬从中间切为两半。

图 12.5　水果切割(柠檬)

②导线连接。如图 12.6 所示，固定导线两端红色夹子和铜片相连，固定导线两端黑色夹子和芯片相连。

③线路安装。如图 12.7 所示，线路安装需要注意导线中铜片和锌片的次序性，红色端默认为铜片，黑色端默认为锌片。

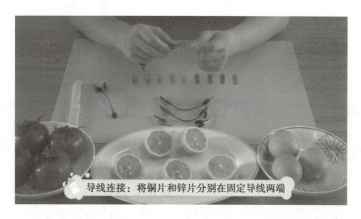

导线连接：将铜片和锌片分别在固定导线两端

图 12.6　导线连接

线路安装：要避免铜片和锌片在水果中触碰在一起

图 12.7　线路安装

④灯泡发光。如图 12.8 所示，确保导线连线的稳固性和次序性后，LED 灯泡会发光。

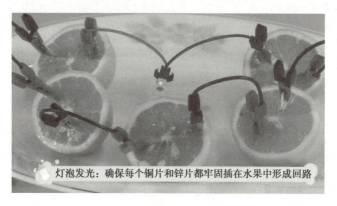

灯泡发光：确保每个铜片和锌片都牢固插在水果中形成回路

图 12.8　灯泡发光(柠檬)

(2)西红柿水果电池

方法和原理基本同柠檬水果电池,图 12.9 切割西红柿,图 12.10 灯泡发光效果。

图 12.9　水果切割(西红柿)

图 12.10　灯泡发光(西红柿)

13 环保 DIY——自制吸尘器

本项目是以"自制吸尘器"为主题,让学生了解 DIY 的乐趣,发挥创造力。利用一些家里不起眼的废品,就可以完成吸尘器制作了。揭开同学们更加开阔的环保物品重复使用的视角。体验让更多"废物"在自己手中"重生"的乐趣!

这个课程属于环保 DIY,最大的亮点是发挥想象力,自己动手 DIY。运用汽水瓶、小电机、风扇叶子、电池、小木条、牙膏壳子、两根电线和纱布等制作出一个简易吸尘器,如图 13.1 所示。

图 13.1 吸尘器整体效果图

13.1 安全规则

①使用美工刀、锯子等刀具必须注意安全。

②使用电烙铁、电热熔胶枪要注意用电安全和避免被高温的发热的烙铁头烫伤。

③电子元器件接线时注意正负极,以免烧坏元器件。

13.2 材料准备

材料明细见表 13.1。

表 13.1　材料明细表

序号	名称	数量	序号	名称	数量
1	电烙铁	1 套	8	锯子	1 个
2	电热熔胶枪	1 个	9	废弃饮料瓶	1 个
3	剪刀	1 个	10	普通 18650 锂电池	1 个
4	美工刀	1 把	11	牙膏壳子	1 个
5	直尺	1 把	12	小电机	1 个
6	两根电线和纱布	若干	13	小木条	1 根
7	小电风扇	1 个			

13.3 部件制作

(1)瓶子切开并在瓶底烫孔,如图 13.2 所示。

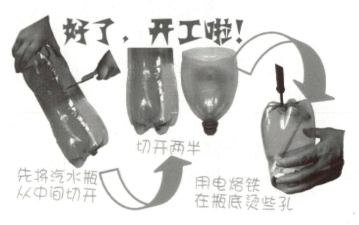

图 13.2　吸尘器"机身"图

（2）小电机安装，如图 13.3 所示。

图 13.3　电机安装图

（3）滤网制作，如图 13.4 所示。

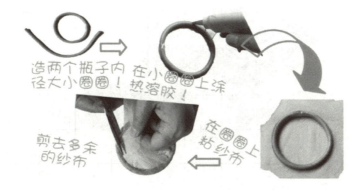

图 13.4　滤网制作图

（4）总装。

①安装小电机和风扇到瓶的底部处，如图 13.5 所示。

图 13.5　安装电机图

②安装滤网在瓶身中部，如图 13.6 所示。

图 13.6　安装滤网图

③安装电池在瓶身上，如图 13.7 所示。

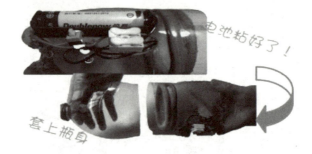

图 13.7　电池安装图

④总装完工，如图 13.8 所示。

图 13.8　总装图

　　生活处处有劳动，劳动是一切知识的源泉，劳动创造世界。通过 DIY 制作更有效地激发同学们用心观察生活中的事物，多角度认识物品更多用途，希望同学们在今后的学习和生活中能留心观察，大胆想象，用我们聪明的大脑，勤劳的双手创造更美的作品。

14　用 3D 打印笔制作埃菲尔铁塔

　　了解 3D 打印笔的原理,通过 3D 打印笔的使用,了解 3D 打印技术原理,将学生的构思转化为真实的立体彩色模型,将抽象世界和 DIY 设计带入现实世界,提高动手能力,提升艺术素养,培养几何认知和空间想象能力。

　　3D 打印笔是一支可以在空气中书写的笔,帮你把想象力从纸张上解放出来。利用 PLA、ABS 塑料,3D 打印笔可以在任何表面"书写",甚至可以直接在空气中作画。它很紧凑,并且无须电脑或电脑软件支持,你只要把它插上电,等一等就可以开始你的奇妙创作。用 3D 打印笔制作的埃菲尔铁塔效果图如图 14.1 所示。

图 14.1　埃菲尔铁塔效果图

14.1　安全规则

①使用剪刀等刀具修剪毛刺时必须注意安全。

②使用打印笔要注意用电安全和避免被高温的发热头烫伤。

14.2　材料准备

材料明细见表14.1。

表14.1　材料明细表

序号	名称	数量
1	3D 打印笔	1 只
2	3D 材料	1 卷

14.3　制作过程

(1)打印设计图纸

在纸上垫一张薄膜,就可以对着图纸打印出来。

(2)描拓平面图

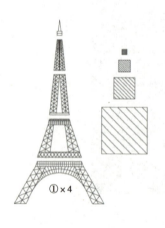

图 14.2　埃菲尔铁塔设计图纸

图 14.3　描拓

（3）拼接组装

3D 打印笔原理虽然简单,但是它赋予使用者一个非凡的能力,3D 打印笔并不能实现完整意义上的"3D 打印",因为大部分 3D 打印笔还处于初级阶段,它们只能打印线条,而且是圆柱状的细线。随着进一步研发,3D 打印笔功能将更加完善,发挥你的创新能力,借助 3D 打印笔一定能制作出更多、更有趣的作品。

图 14.4　组装过程

15　招财猫智能机器人制作

了解机器人的发展现状和结构,了解 Arduino Uno 主控板、超声波传感器、舵机等电子元器件原理及接线,裁剪硬纸壳、积木搭建等制作出一个会招手的机器人,掌握 Mind+图形化编程,培养学生创新能力、动手能力和逻辑编程思维能力。

招财猫形态为其中一手高举至头顶,作出向人招来的手势。一般招财猫举左手表示招福;举右手则寓意招财;两只手同时举起,就代表"财"和"福"一起到来的意思。本项目最大的亮点是创意,因招财猫受很多人的喜爱,结合同学们的兴趣,运用 Arduino Uno 主控板、超声波传感器、舵机和裁剪硬纸壳(或者积木、3D 打印等)制作出一个会招手的机器人,如图 15.1 所示,具体效果请扫二维码观看。

图 15.1　招财猫整体效果图

15.1 安全规则

①使用剪刀等刀具必须注意安全。

②使用电烙铁、电热熔胶枪要注意用电安全和避免被高温的发热头烫伤。

③3D 打印时注意打印机的高温。

④电子元器件接线时注意正负极,以免烧坏元器件。

15.2 材料准备

材料明细见表 15.1。

表 15.1　材料明细表

序号	名称	数量	序号	名称	数量
1	Arduino Uno	1 块	6	A4 纸	1 张
2	超声波传感器	1 个	7	可充电电池	1 个
3	舵机	1 个	8	电热熔胶枪(含热熔胶)	1 个
4	硬纸壳	1 张	9	杜邦线	若干
5	科技横梁积木 或者 3D 打印件支架	若干/1 个	10	电脑(装 Mind+软件)	1 台

15.3 模块作用

①Arduino Uno 主控板:负责接收超声波传感器的输入信号,输出控制舵机转动。

②超声波传感器:安装在招财猫机器人的眼睛处,负责检测人是否靠近,如图 15.2 所示。

③舵机:安装在招财猫机器人的手臂上,负责控制手臂的招手。

④科技横梁积木(或 3D 打印支架):作为整个作品的结构支撑件,充当招财猫机器人的身体结构。

⑤A4 纸:在上面打印招财猫的图案,然后再贴到硬纸壳上。

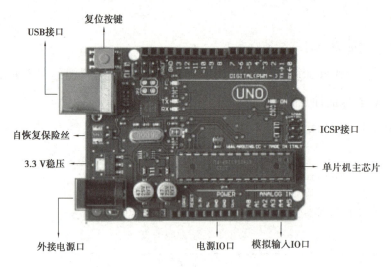

USB接口

复位按键

自恢复保险丝

3.3 V稳压

ICSP接口

单片机主芯片

外接电源口

电源IO口

模拟输入IO口

图 15.2　Arduino Uno 主控板

15.4　接线原理

(1)舵机的接线定义

标准的舵机有三条控制线,分别是电源、地和信号线,如图 15.3 所示,其针脚定义为:棕色线——GND;红色线——5 V;橙色线——信号线。Arduino Uno 板上支持舵机的只有数字口 9 和 10,因此舵机橙色线只能连接数字口 9 或 10,180°舵机(转动角度为 0°～180°)的接线如表 15.2 所示。

图 15.3　舵机

表 15.2　舵机接线定义

舵机	Arduino Uno 主板
棕色线	GND
红色线	5 V
橙色线	信号(数字口 9 或 10)

(2)超声波传感器的接线定义

超声波传感器如图 15.4 所示,其性能稳定、测度距离精确,工作距离 2 ~ 400 cm,2 cm 内为其工作盲区,引脚分为 VCC、Trig(发射端)、Echo(接收端)、GND。该模块应先插接在电路板上再通电,避免产生高电平的误动作,如果产生了,则重新通电方可解决。接线定义如表 15.3 所示。

图 15.4　超声波传感器

表 15.3　超声波传感器接线定义

针脚	Arduino Uno 主板接线
VCC	VCC 或 5 V
Trig	数字口(发射端)3(数据)
Echo	数字口(接收端)2(数据)
GND	GND

15.5 制作过程

(1)设计制作机器人支架

机器人需要一个支撑架,下面介绍两种方法进行设计制作。其一是在 3D one 软件中设计,尺寸可参考图 15.5,三维效果图请参考图 15.6,通过 3D 打印后效果如图 15.7 所示;其二是用科技梁积木和热熔胶制作,科技梁积木散件可网上购买,其效果如图 15.8 所示。

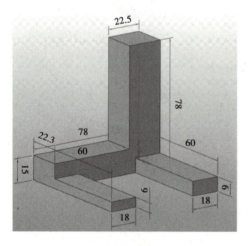

图 15.5 支架设计图

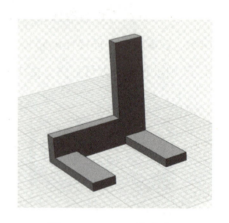

图 15.6 3D one 设计效果

图 15.7 3D 打印效果

图 15.8 积木拼接效果

（2）装配机器人

上网自主搜集查找一张招财猫的彩色图片，通过彩色打印机打印。将打印的招财猫图片贴在一张硬纸皮上，并用剪刀剪出如图 15.9 所示的形状，单独剪出的一只手装在舵机上，有条件的学校也可以考虑用激光切割设备切割出此形状。

借助热熔胶等将可充电电池固定在支架底座上。将超声波传感器、主控板等部件用热融胶按图 15.10 所示指引进行固定安装。

按接线原理中的介绍用杜邦线将超声波传感器、舵机分别与 Arduino Uno 主板相连，舵机橙色信号线选择数字口 9，超声波传感器发射端选择数字口 3，接收端选择数字端口 2，如图 15.10 所示。

 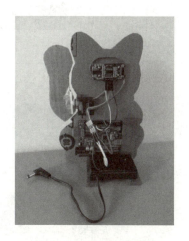

图 15.9　硬纸壳裁剪效果　　　　图 15.10　整体安装效果

（3）Mind+编程调试

Mind+是一款拥有自主知识产权的国产青少年编程软件，集成各种主流主控板及上百种开源硬件，支持人工智能（AI）与物联网（LoT）功能，既可以图形化积木编程，还可以使用 Python/C/C++等高级编程语言，让大家轻松体验创造的乐趣。Mind+软件同时支持 Arduino、microbit、掌控板、Boson 造物粒子、Robo-Master TT 无人机等系列编程。

通过传输数据线将 Arduino Uno 控制器与电脑端连接,打开 Mind+软件,连接设备(点击倒三角)下,一键安装串口驱动(第一次连接),如图 15.11 所示。点击扩展,主控板下单击选择 Arduino Uno,返回即可,如图 15.12 所示。

图 15.11　Mind+主页面

图 15.12　扩展下主控板界面

在编程过程中一般选择上传模式,此项目程序编写请参考图 15.13,编写完成后点击上传到设备,然后电池供电给 Arduino Uno 主板,此项目完成。手掌放在超声波传感器前面,招财猫就会前后摆动手臂,向我们打招呼。

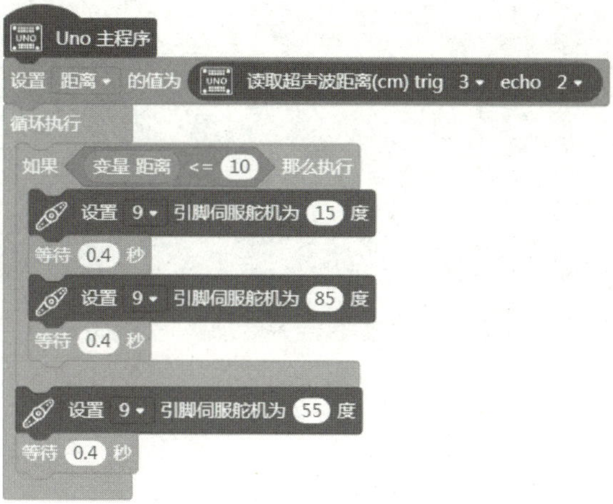

图 15.13　参考程序代码

　　按照制作过程既可以设计出来会招手的招财猫机器人,你也可以在这个基础上使硬件更优化,建议在网上购买语音模块,接入 Arduino 主控板,添加语音欢迎光临或者恭喜发财的声音播报,这样你做出来的招财猫机器人将更完美。

第四篇　人工智能

16　趣玩 microbit 编程

了解 microbit 开发板和扩展板的硬件结构,了解 Mind+软件图形化编程的使用,通过搭积木的编程方式让零基础学生能够很好地体验编程的乐趣,并培养他们的逻辑思维、创意思考、流程规划、脚本构思和协同合作的能力。

16.1　"跳动的心"

本项目课程为大家演示了 microbit 三轴加速度计的感知功能,以及用循环结构优化程序,实现"怦然心动"的效果。运用 microbit 主板制作出跳动的心,如图 16.1 所示,具体效果请扫二维码观看。

图 16.1　"跳动的心"效果演示

16.1.1　安全规则

注意用电安全,接线不要损坏 microbit 主板及其扩展板。

16.1.2 材料准备

材料明细见表 16.1。

表 16.1　材料明细表

序号	名称	数量
1	microbit 主板	1 块
2	装有 Mind+软件的电脑	1 个
3	USB 数据线	1 条

16.1.3 模块作用

microbit：主控板，执行 Mind+程序

①25 颗 LED 组成的点阵：可以显示 microbit 程序内部自带的各种图案，比如爱心图案，微笑图案等，或者滚动显示字符、数字。

②两个可编程按钮：可以设置自己要控制的功能。

③金手指：可外接控制其他设备，其中包括 3 个 GPIO（P0、P1、P2），1 个电源（3 V），1 个接地（GND），可以使用鳄鱼夹或 4 mm 香蕉插头；边缘连接器的针脚标号为 microbit 设备抽象层（DAL）指定的：P3、P0、P4-P7、P1、P8-P12、P2、P13-P16、3 V（3 个）、P19-P20、GND（3 个），共 19 个可设置的 GPIO，其中设置了：6 个模拟输入（P0-P4、P10），可选的 1 路 SPI 总线（P13-P15），1 路 I^2C 总线（P19-P20）；可设置出：3 个 PWM 输出，1 对 UART 串行收发[11]。P3、P4、P6、P7、P9、P10 结合于 LED 阵列显示屏，P5、P11 结合于按钮 A、B。

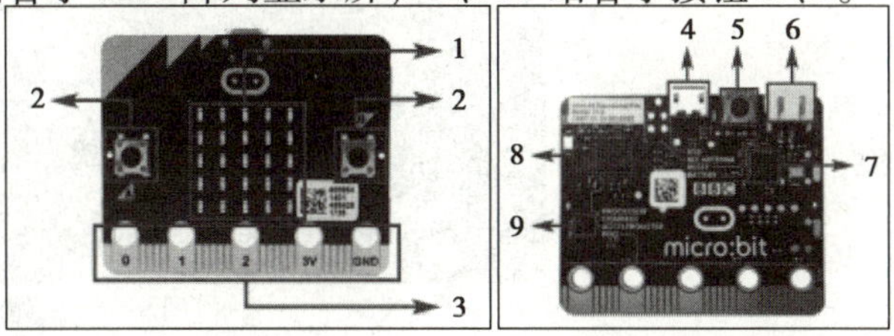

图 16.2　microbit 正反面

④microUSB 接口:用于供电和下载程序,也可以用于串口传输。

⑤reset 按钮:按一下使 microbit 程序重启。

⑥电池供电接口:需要接入 3 V 电池。

⑦微控制器芯片:提供 USB 链接功能、拖拽式程序刷新及跟主控芯片做序列通信。

⑧Nordic nRF51822 低功耗蓝牙芯片(主控芯片):16 MHz ARM Cortex-M0,256 kB Flash,16 kB RAM,主要处理程序,支持蓝牙4.0,可以与手机 App 进行蓝牙通信。

⑨三合一(加速度计、磁力计、陀螺仪)传感器芯片:可提供关于 microbit 当前的加速度、磁力计和陀螺仪信息。

16.1.4　制作过程

通过传输数据线将 microbit 与电脑端连接,打开 Mind+软件,连接设备(点击倒三角),一键安装串口驱动(第一次连接),如图 16.3 所示。点击扩展,主控板下单击选择 microbit,返回即可,如图 16.4 所示。

图 16.3　Mind+主页面

图 16.4　扩展下主控板界面

在编程过程中一般选择上传模式,此项目程序编写请参考图 16.5,编写完成后点击上传到设备,然后电脑供电给 microbit 主板,此项目完成。

Mind+编程调试:

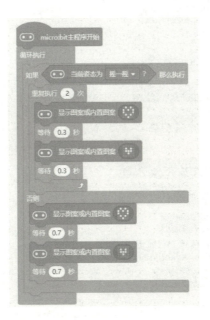

图 16.5　参考程序代码

16.2 "炸弹人"

本项目课程为大家演示了 microbit 模拟游戏的"定时炸弹",如图 16.6 所示,具体效果请扫图 16.6 二维码观看。

通过传输数据线将 microbit 与电脑端连接,打开 Mind+软件,连接设备(点击倒三角),一键安装串口驱动(第一次连接),如图 16.7 所示。点击扩展,主控板下单击选择 microbit,返回即可,如图 16.8 所示。

图 16.6 "炸弹人"演示效果演示

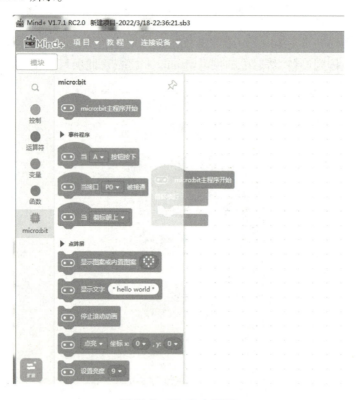

图 16.7 Mind+主页面

图 16.8　扩展下主控板界面

在编程过程中一般选择上传模式,此项目程序编写请参考图 16.9,编写完成后点击上传到设备,然后电脑供电给 microbit 主板,此项目完成。

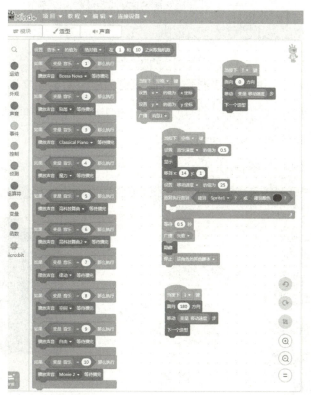

图 16.9　参考程序代码

16.3 "捡球达人"

通过传输数据线将 Arduino Uno 控制器与电脑端连接,打开 Mind+软件,连接设备(点击倒三角)下,一键安装串口驱动(第一次连接),如图 16.10 所示。点击扩展,主控板下单击选择 Arduino Uno,返回即可。

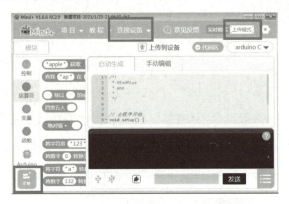

图 16.10　Mind+主页面

在编程过程中一般选择上传模式,此项目程序编写请参考图 16.7,编写完成后点击上传到设备,然后电池供电给 Arduino Uno 主板,此项目完成。捡球项目分别有手动捡球和自动捡球两种模式。

(1)手动捡球,如图 6.11 所示。

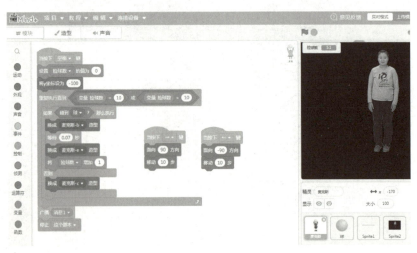

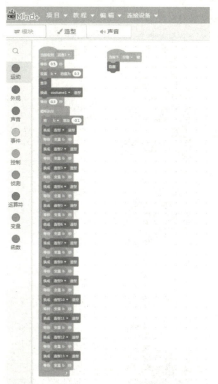

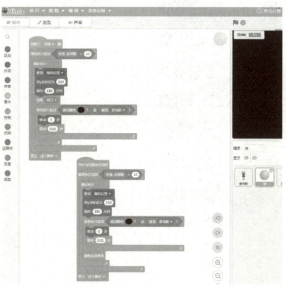

图 16.11　手动程序参考代码

（2）自动捡球，如图 6.12 所示。

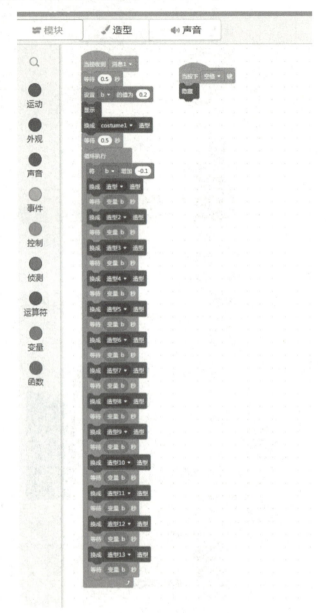

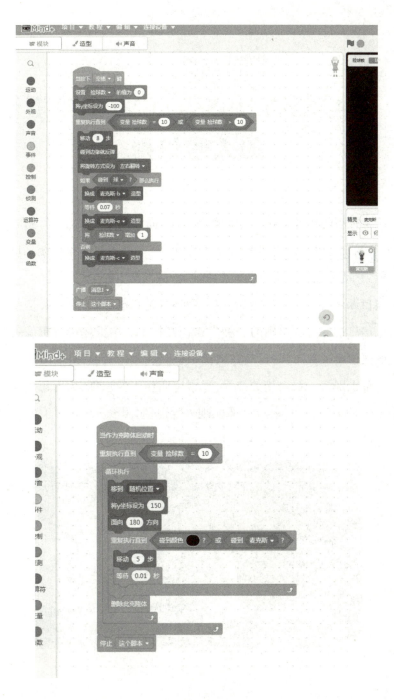

图 16.12　自动程序参考代码

第四篇　人工智能

17 掌控板和 HUSKYLENS 二哈摄像头的人脸识别

　　了解掌控板的硬件结构,了解 Mind+软件图形化编程的使用,完成人脸识别任务,演示校门口疫情期间闸机人脸识别系统和防聚集警报系统。培养学生的创新能力、动手能力和逻辑编程思维能力,激发学生的学习兴趣。

　　本项目课程属于人工智能类,最大的亮点是智能。人脸识别,是基于人的脸部特征信息进行身份识别的一种生物识别技术。用摄像机或摄像头采集含有人脸的图像或视频流,并自动在图像中检测和跟踪人脸,进而对检测到的人脸进行脸部识别的一系列相关技术,通常也叫作人像识别、面部识别。利用掌控板和 HUSKYLENS 二哈摄像头来实现人脸识别。既提高学生的动手能力,也锻炼学生的编程能力。

图 17.1　二哈摄像头人脸识别整体效果图

17.1　安全规则

①注意使用掌控板时不能插反,以至于损坏元器件。

②注意使用二哈摄像头接线不能接反,以至于损坏元器件。

17.2　材料准备

①掌控板 1 块。

②二哈摄像头 1 个。

③microbit 掌控板 1 个。

17.3　模块作用

①掌控板:主控板。用于传递和接受信息,如图 17.2 所示。

图 17.2　microbit 掌控板

②二哈摄像头:一款简单易用的人工智能视觉传感器,采用新一代 AI 芯片,内置机器学习技术,具有人脸识别、物体识别、物体追踪、颜色识别、巡线、二维码标签识别 6 大功能,如图 17.3 所示。

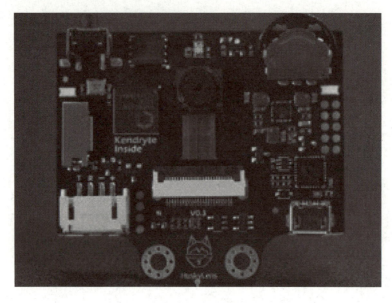

图 17.3　二哈摄像头

17.4　接线原理

接线原理如图 17.4 所示。

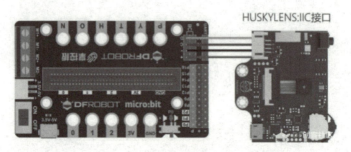

图 17.4　接线原理图

17.5　实施过程

通过传输数据线将 Arduino Uno 控制器与电脑端连接,打开 Mind+软件,连接设备(点击倒三角),一键安装串口驱动(第一次连接),如图 17.5 所示。点击扩展,主控板下单击选择掌控板,返回即可,如图 17.6 所示。

图 17.5　Mind+主页面

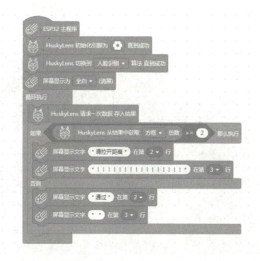

图 17.6　参考程序代码

　　在编程过程中一般选择上传模式,此项目程序编写请参考图 17.6,编写完成后点击上传到设备,然后电池供电给 Arduino Uno 主板,此项目完成。如果二哈摄像头检测到一个人的话,micorbit 掌控板上就会显示"通过"。如果两个人或以上就会显示"请拉开距离"。

18　创客魔方机器人(电子部分)设计制作

　　创客魔方机器人电子部分搭建用了电池、Arduino Uno 主控板传感器、扩展板、电机板、稳压板、舵机、若干螺丝螺母、积木和杜邦线等材料,制作出的创客魔方机器人小车如图 18.1 所示。

图 18.1　创客小车整体图

18.1　安全规则

　　①使用热熔胶必须注意安全,避免烫伤。

　　②使用电烙铁要注意用电安全和避免被高温的发热头烫伤。

　　③3D 打印时注意打印机的高温。

　　④电子元器件接线时注意正负极,以免烧坏元器件。

18.2 材料准备

材料明细见表18.1。

表 18.1　材料明细表

序号	名称	数量	序号	名称	数量
1	Arduino Uno	1块	8	可充电电池	1个
2	扩展板	1个	9	电热熔胶枪(含热熔胶)	1个
3	舵机	1个	10	螺丝螺母杜邦线	若干
4	寻迹传感器	若干	11	电脑(装 Arduino 软件)	1台
5	3D 打印前爪	1个	12	铝块	2块
6	电机驱动板	2个	13	电机	2个
7	稳压板	1个	14	蓝牙	1个

18.3 接线原理

接线原理如图18.2所示。

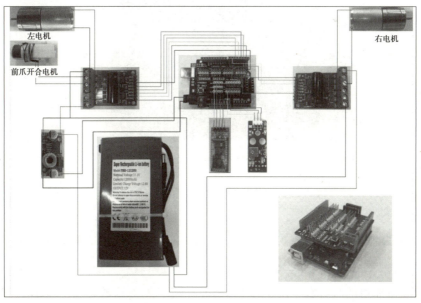

图 18.2　元器件原理图接线

18.4　模块介绍

①Arduino Uno 主控板:负责输出所编写的 Arduino 程序和控制舵机转动。

②传感器:探测距离(对管底部离地距离):8～35 mm,推荐 10～20 mm 处,巡线和记录路口数。

③舵机:舵机开合负责捞取方框中心魔方和黑色方格正中的魔方。

④电机驱动板:直流电机驱动板是控制电机停转运行和转速的,指令都在驱动板发出,就是控制端,可以是模拟信号也可以是数字信号。

⑤稳压板:稳定电压到指定额数,使电压不会突然过大损坏元器件。

18.5　模块作用

(1)Arduino Uno 主控板(图 18.3)

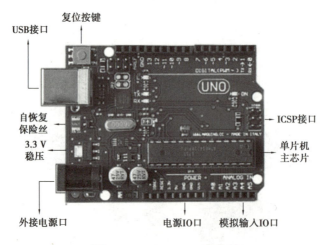

图 18.3　Arduino Uno 主控板

(2)舵机

标准的舵机有三条控制线,分别是电源、地和信号线,如图 18.4 所示,其针脚定义为:黑色线——GND;红色线——5 V;白色线——信号线。Arduino Uno 板上支持舵机的只有数字口 9 和 10,因此舵机只能连接数字口 9 或 10,180°舵机(转动角度为 0°～180°)的接线如表 18.2 所示。

图 18.4 舵机

表 18.2 舵机接线定义

舵机	Arduino Uno 主板
黑色线	GND
红色线	5 V
白色线	信号(数字口 9 或 10)

（3）寻迹传感器

寻迹传感器如图 18.5 所示,其性能稳定、测度距离精确,探测距离（对管底部离地距离）:8 ~ 35 mm,推荐 10 ~ 20 mm,如果再高的话就会巡线不稳定,引脚分为 S、V、G。该模块应先插接在电路板上再通电,避免产生高电平的误动作,如果产生了,需重新通电方可解决。接线定义如表 18.3 所示。寻迹传感器的检测原理是红外发射管发射光线到路面,红外光遇到白底则被反射,接收管接收到反射光,经施密特触发器整形后输出低电平;当红外光遇到黑线时则被吸收,接收管没有接收到反射光,经施密特触发器整形后输出高电平。调节方法是把传感器放到黑线上面,调节电位器,让灯不亮;放在白线上,调节电位器,让灯亮。如此反复,直至同时满足,即代表调节完成。

图 18.5 寻迹传感器

表 18.3　寻迹传感器接线定义

针脚	Arduino Uno 主板接线
S	信号输入端
V	VCC-5 V 正极
G	GND 负极

（4）电机驱动板（图 18.6）

MD02 双路电机驱动器是由单个 H 桥驱动 IC 外加 N 通道 MOS 管组成。它体积小巧，支持 5.9～40 V 宽电压输入，持续电流能够达到 17 A。控制端支持 1.8～5 V 的逻辑输入。接线定义如表 18.4、表 18.5 所示。

图 18.6　电机驱动板

表 18.4　电机驱动板接线定义（小车前进方向——左）

输入（针脚端）	输出（接线端）
GND	GND
4	DIRA
5	PWMA
2	DIRB
3	PWMB
VCC	SLP
无	CBA
无	CBS

表18.5　电机驱动板接线定义(小车前进方向——右)

输入(针脚端)	输出(接线端)
GND	GND
7	DIRA
6	PWMA
无	DIRB
无	PWMB
VCC	SLP
无	CSA
无	CSB

(5)稳压板

非隔离降压模块(BUCK)是5 A大功率高效率低纹波带电源指示灯。输入电压为4~38 V,输出电压为1.25~36 V(可调节),输出电流为0~5 A。接线定义如图18.7所示。通过用一字螺丝刀来调节电位器,用万用表OUT正负两端,约9 V。使用时注意输入、输出端。接线定义如表18.6所示。

图18.7　稳压板

表18.6　稳压板接线定义

输入		输出	
IN+	电源正极	OUT+	主板正极
IN-	电源负极	OUT-	主板负极

18.6　程序编写

（1）软件安装

Arduino 是一款便捷灵活、方便上手的开源
电子原型平台，集成各种主流主控板及上百种开
源硬件，是通过图形化积木的方式进行编程，与
Python，/C++相比，更加简单明了，让大家轻松体
验创造的乐趣。

图 18.8　安装驱动页面

通过传输数据线将 Arduino Uno 主板与电脑
端连接，打开驱动文件夹，点击驱动安装，点击安装即可，如图 18.8 所示。打开
Arduino 软件，点击工具，点击 Ardublock 即可进入程序编写界面，如图 18.9
所示。

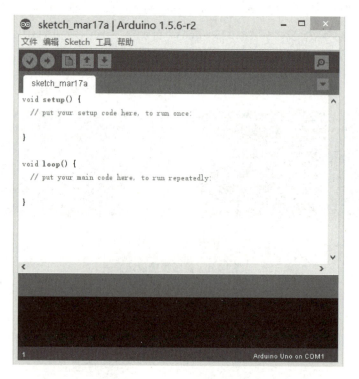

图 18.9　Arduino 软件界面

程序编写完成之后用数据线将 Arduino Uno 主板与电脑端连接,再到
Arduino 软件主页面的工具选项栏选择板:Arduino Uno。端口是选择默认端口。
然后点击"上载到 Arduino"编写,请参考图 18.10。

(2)自动程序编程与上传

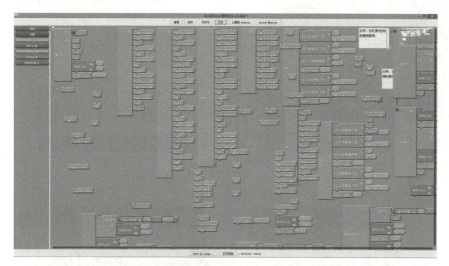

图 18.10　参考程序代码

(3)蓝牙手动控制,如图 18.11 至图 8.15 所示。

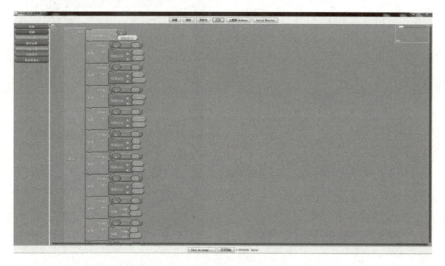

图 18.11　上传手动程序

图 18.12　下载蓝牙串口助手软件　　　图 18.13　找到蓝牙并连接(密码:1234 或 0000)

图 18.14　配置键盘符模式　　　　　图 18.15　演示结果

19 Python 和 OpenCV 的联合编程

了解 Python 中 opencv_python 配置与 OpenCV 配置,了解 findContours、draw-Contours 等函数,了解灰度图、图形二值化、Canny 边缘算法、高斯滤波等基础的图形处理知识,培养学生的创新能力、逻辑编程思维能力,助推科学创新素质。

19.1 图像识别

使用 Python 和 OpenCV 利用图像边缘提取的基础寻找对象轮廓的方法和 cv2. approxPolyDP 函数进行对多边形分类识别并显示该多边形的名称,然后再利用 cv2. imshow 和 cv2. imwrite 显示并保存图片到相应文件夹。

19.1.1 软件安装

(1)安装 Python(图 19.1—图 19.4)

①开 Python3.9.5 安装包,安装 Python。

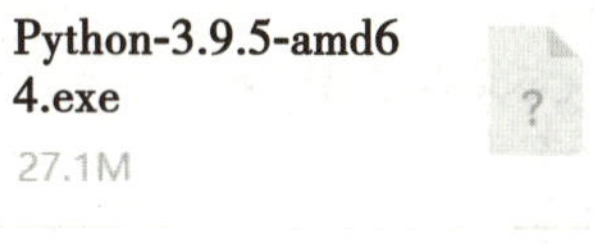

Python-3.9.5-amd6 4.exe

27.1M

图 19.1 Python 软件

②进入安装页面勾选“Add Python 3. 9 to PATH”选项;点击“Customize installation”。

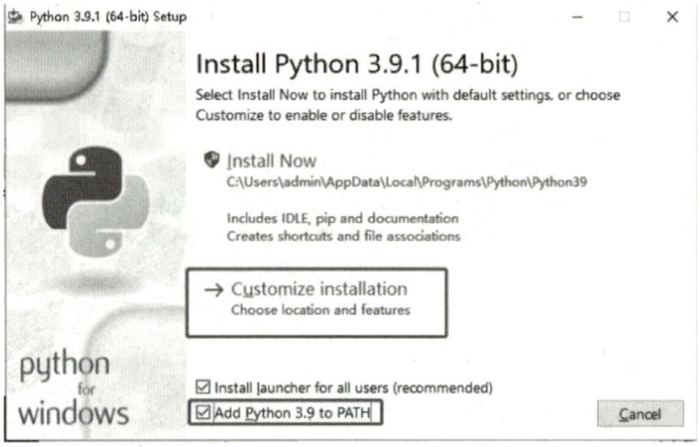

图 19.2　Python 安装界面

③勾选以下选项，自定义安装位置。

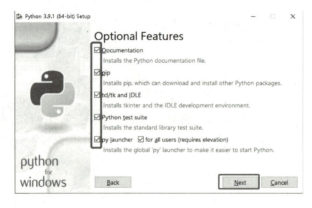

图 19.3　Python 安装界面

图 19.4　Python 安装界面

（2）安装 OpenCV（图 19.5—图 19.9）

①接"Win+R"键，输入"cmd"打开命令行。

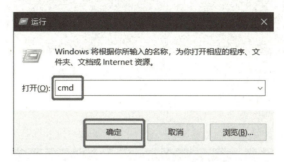

图 19.5　Python 运行界面

图 19.6　Python 终端界面

②在命令行里输入指令"pip install opencv-Python"安装 OpenCV。

图 19.7　安装 opencv-Python 界面

③"Python -m pip install --upgrade pip"更新 pip。

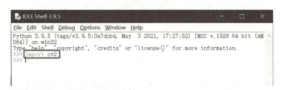

图 19.8　更新 opencv-Python 界面

④打开 Python 检查 OpenCV 是否安装成功(如图显示"import cv2"则安装成功)。

图 19.9　检查 openCV 是否安装成功

注:若调试不成功需要配置系统变量。计算机(此电脑)—属性—高级系统设置—高级—环境变量—系统变量—path(新建 Python 安装路径,最好使用window 10 系统)。

19.1.2　实施代码

(1)完整参考代码(图 19.10)

```
import cv2

def getContours(img):
    contours, hierarchy = cv2.findContours(img, cv2.RETR_EXTERNAL, cv2.CHAIN_APPROX_SIMPLE)
    for c in contours:
        if len(cv2.approxPolyDP(c, 10, True)) == 3:
            x, y, w, h = cv2.boundingRect(c)
            x = x-5
            y = y-5
            w = w + 10
            h = h + 10
            cv2.rectangle(imgContour, (x, y), (x+w, y+h), (0, 0, 255), 2)
            cv2.putText(imgContour, "SanJiaoXing", (x+w-150, y), cv2.FONT_HERSHEY_COMPLEX, 1, (0, 100, 255), 2)
        if len(cv2.approxPolyDP(c, 10, True)) == 4:
            x, y, w, h = cv2.boundingRect(c)
            aspRatio = w / float(h)
            if aspRatio > 0.98 and aspRatio < 1.03:
                cv2.putText(imgContour, "ZhengFangXing", (x+w-150, y), cv2.FONT_HERSHEY_COMPLEX, 0.5, (0, 0, 255), 1)
            elif aspRatio > 1.1 and aspRatio < 2.2:
                cv2.putText(imgContour, "ChangFangXing", (x+w-150, y), cv2.FONT_HERSHEY_COMPLEX, 0.5, (255, 0, 0), 1)
            else:
                cv2.putText(imgContour, "PX-SiBianXing", (x+w-150, y), cv2.FONT_HERSHEY_COMPLEX, 0.5, (155, 0, 0), 1)

path = "recognition/images/color_recognition/12333.jpg"
img = cv2.imread(path)
imgContour = img.copy()
imgGray = cv2.cvtColor(img, cv2.COLOR_BGR2GRAY)
imgBlur = cv2.GaussianBlur(imgGray, (7, 7), 1)
imgCanny = cv2.Canny(imgBlur, 130, 100)
getContours(imgCanny)

cv2.imshow("TuXing", imgContour)
cv2.imshow("Canny", imgCanny)
cv2.imwrite("D:/tupian/TuXing1.jpg", imgContour)
cv2.waitKey(0)
```

图 19.10　图形识别

(2)代码解析

导入 OpenCV 模块,然后创建一个新的模块命名为"getContours",用于发现图形轮廓、识别多边形、绘制最小外包矩形、打印多边形名称、识别特殊四边形并打印名称。

```python
import cv2
def getContours(img):
    contours, hierarchy = cv2.findContours(img, cv2.RETR_EXTERNAL, cv2.CHAIN_APPROX_SIMPLE)
    for c in contours:
        if len(cv2.approxPolyDP(c, 10, True)) == 3:
            x, y, w, h = cv2.boundingRect(c)
            x = x-5
            y = y-5
            w = w + 10
            h = h + 10
            cv2.rectangle(imgContour, (x, y), (x+w, y+h), (0, 0, 255), 2)
            cv2.putText(imgContour, "SanJiaoXing", (x+w-150, y), cv2.FONT_HERSHEY_COMPLEX, 1, (0, 100, 255), 2)
        if len(cv2.approxPolyDP(c, 10, True)) == 4:
            x, y, w, h = cv2.boundingRect(c)
            aspRatio = w / float(h)
            if aspRatio > 0.98 and aspRatio < 1.03:
                cv2.putText(imgContour, "ZhengFangXing", (x+w-150, y), cv2.FONT_HERSHEY_COMPLEX, 0.5, (0, 0, 255), 1)
            elif aspRatio > 1.1 and aspRatio < 2.2:
                cv2.putText(imgContour, "ChangFangXing", (x+w-150, y), cv2.FONT_HERSHEY_COMPLEX, 0.5, (255, 0, 0), 1)
            else:
                cv2.putText(imgContour, "PX-SiBianXing", (x+w-150, y), cv2.FONT_HERSHEY_COMPLEX, 0.5, (155, 0, 0), 1)
```

①发现图形轮廓:

```python
contours, hierarchy = cv2.findContours(img, cv2.RETR_EXTERNAL, cv2.CHAIN_APPROX_SIMPLE)
```

②识别多边形、绘制最小外包矩形:

```python
for c in contours:
    if len(cv2.approxPolyDP(c, 10, True)) == 3:
        x, y, w, h = cv2.boundingRect(c)
        x = x-5
        y = y-5
        w = w + 10
        h = h + 10
        cv2.rectangle(imgContour, (x, y), (x+w, y+h), (0, 0, 255), 2)
```

③打印多边形名称:

```python
cv2.putText(imgContour, "SanJiaoXing", (x+w-150, y), cv2.FONT_HERSHEY_COMPLEX, 1, (0, 100, 255), 2)
```

④识别特殊四边形并打印名称:

```python
if len(cv2.approxPolyDP(c, 10, True)) == 4:
    x, y, w, h = cv2.boundingRect(c)
    aspRatio = w / float(h)
    if aspRatio > 0.98 and aspRatio < 1.03:
        cv2.putText(imgContour, "ZhengFangXing", (x+w-150, y), cv2.FONT_HERSHEY_COMPLEX, 0.5, (0, 0, 255), 1)
    elif aspRatio > 1.1 and aspRatio < 2.2:
        cv2.putText(imgContour, "ChangFangXing", (x+w-150, y), cv2.FONT_HERSHEY_COMPLEX, 0.5, (255, 0, 0), 1)
    else:
        cv2.putText(imgContour, "PX-SiBianXing", (x+w-150, y), cv2.FONT_HERSHEY_COMPLEX, 0.5, (155, 0, 0), 1)
```

⑤读取所需识别原图:

```python
path = "recognition/images/color_recognition/12333.jpg"
img = cv2.imread(path)
imgContour = img.copy()
```

115

⑥原图转灰度图并进行高斯滤波以及 Canny 边缘检测：

```
imgGray = cv2.cvtColor(img , cv2.COLOR_BGR2GRAY)
imgBlur = cv2.GaussianBlur(imgGray , (7 , 7) , 1)
imgCanny = cv2.Canny(imgBlur , 130 , 100)
```

⑦调用'getContours'模块对'imgCanny'图片进行识别等处理：

```
getContours(imgCanny)
```

⑧显示、保存处理后图片：

```
cv2.imshow("TuXing" , imgContour)
cv2.imshow("Canny" , imgCanny)
cv2.imwrite("D:/tupian/TuXing1.jpg" , imgContour)
cv2.waitKey(0)
```

19.1.3　运行结果

运行结果如图 19.11 至图 19.15 所示,保持图片如图 19.16 所示。

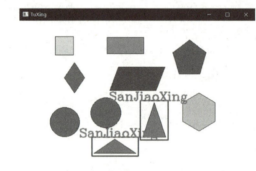

图 19.11　运行结果

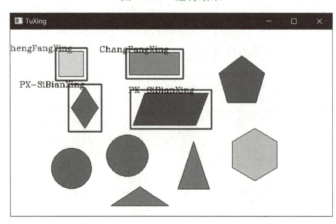

图 19.12　识别特殊四边形

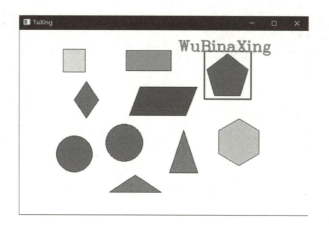

图 19.13　识别五边形

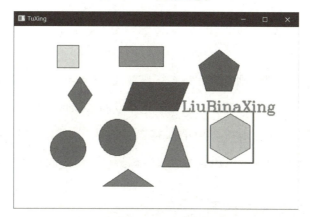

图 19.14　识别六边形

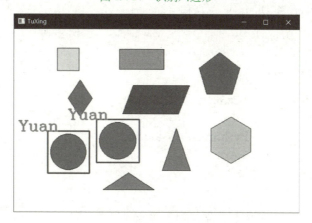

图 19.15　识别圆

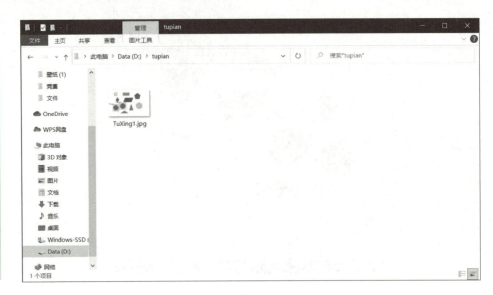

图 19.16　保存图片

说明:识别三角形,则需要把第 6 行参数改为"==3";第 13 行冒号内改为
"SanJiaoXing":识别特殊四边形,则需要把第 6 行参数改为"==6";第 13 行冒
号内改为" ";识别圆,则需要把第 6 行参数改为">6";第 13 行冒号内改为
"Yuan",其余多边形参考识别三角形的格式。

19.2　摄像头人脸识别

使用 Python 和 OpenCV 模块和包。

19.2.1　软件安装

(1)安装 Python

①打开 Python3.9.5 安装包,安装 Python。

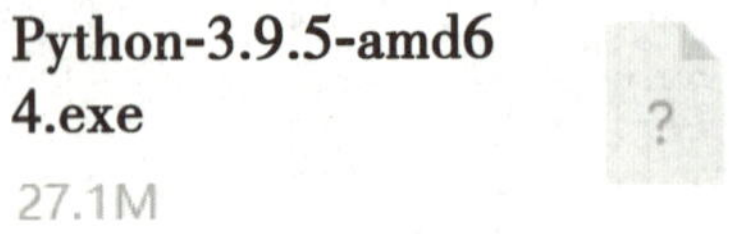

**Python-3.9.5-amd6
4.exe**

27.1M

图 19.17　Python 软件

②进入安装页面勾选"Add Python 3.9 to PATH"选项；点击"Customize in-stallation"。

图 19.18　Python 安装界面

③勾选以下选项，自定义安装位置。

图 19.19　Python 安装界面

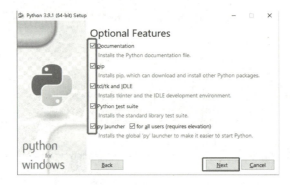

图 19.20　Python 安装界面

（2）安装 OpenCV

①"Win+R"输入"cmd"打开命令行。

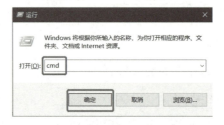

图 19.21　Python 运行界面

图 19.22　Python 终端界面

②在命令行里输入指令"pip install opencv-Python"安装 OpenCV。

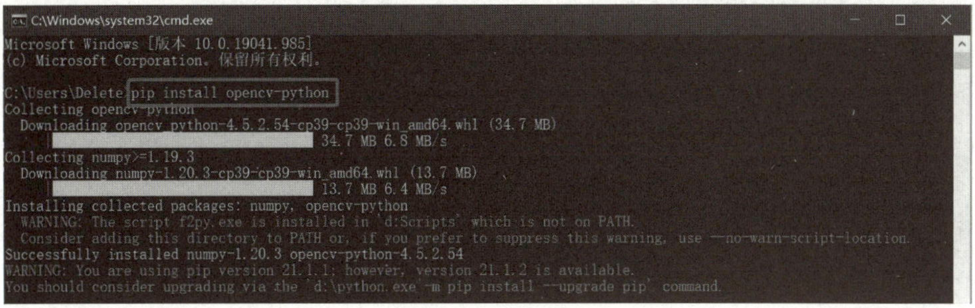

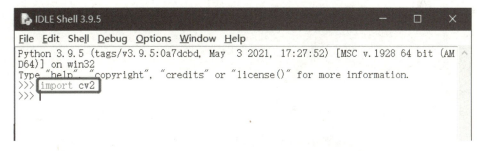

图 19.23　安装 OpenCV-Python 界面

③"Python -m pip install --upgrade pip"更新 pip。

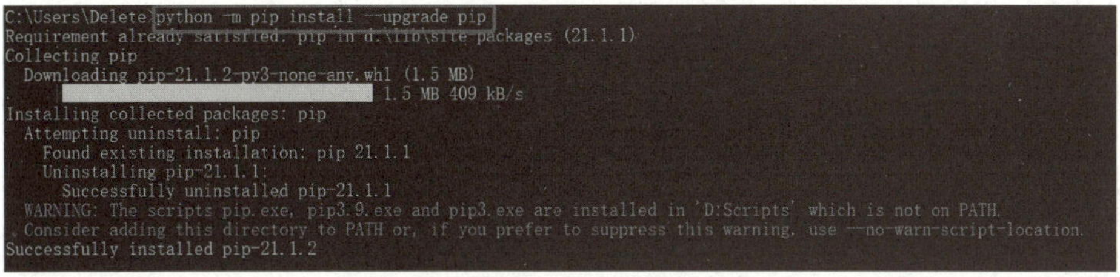

图 19.24　更新 OpenCV-Python 界面

④打开 Python 检查 OpenCV 是否安装成功"import cv2"（如图显示则安装
成功）。

图 19.25　检查 OpenCV 是否安装成功界面

⑤进入 OpenCV 官网,首页-开放式 CV（opencv.org）。

⑥网站名:https://opencv.org/。

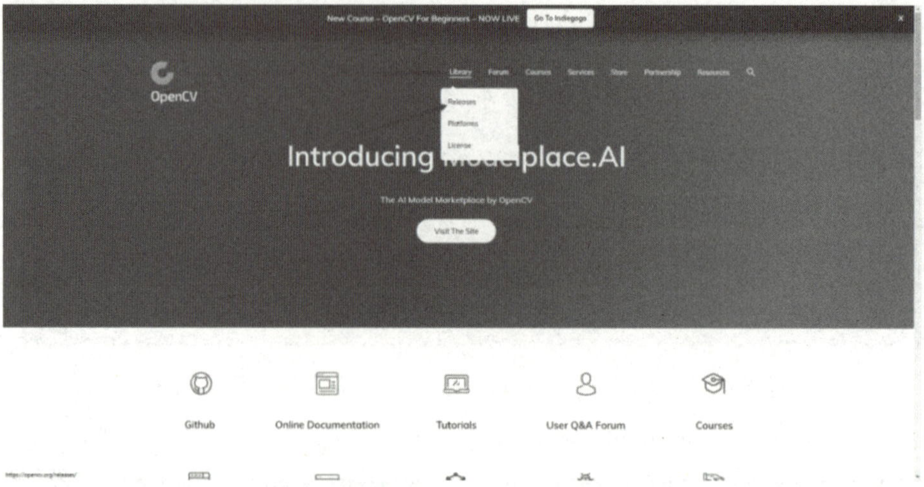

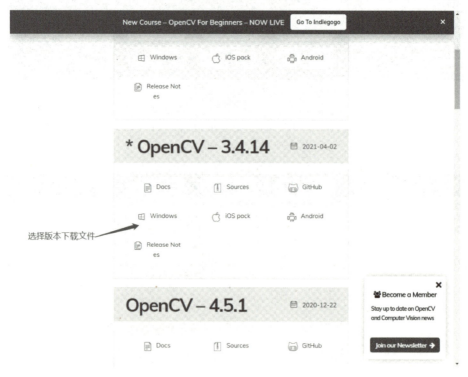

图 19.26　安装 OpenCV 界面

图 19.27　安装 OpenCV 界面

到达这个页面后等待五秒自动下载。

图 19.28　安装 OpenCV 界面

19.2.2　实施代码

(1)完整代码

```
import cv2
cap = cv2.VideoCapture(0)
while(True):
    ret, frame = cap.read()
    gray = cv2.cvtColor(frame, cv2.COLOR_BGR2GRAY)
    xmlfile = ('haarcascade_frontalface_default.xml')
    face_cascade = cv2.CascadeClassifier(xmlfile)
    faces = face_cascade.detectMultiScale(
        gray,
        scaleFactor=1.15,
        minNeighbors=5,
        minSize=(5, 5))
    print("发现{0}个目标!".format(len(faces)))
    for (x, y, w, h) in faces:
        cv2.rectangle(frame, (x, y), (x + w, y + w), (0, 255, 0), 2)
    cv2.imshow("frame", frame)
    if cv2.waitKey(1) & 0xFF == ord('q'):
        break
cap.release()
cv2.destroyAllWindows()
```

图 19.29　参考程序

第四篇　人工智能

（2）代码解析

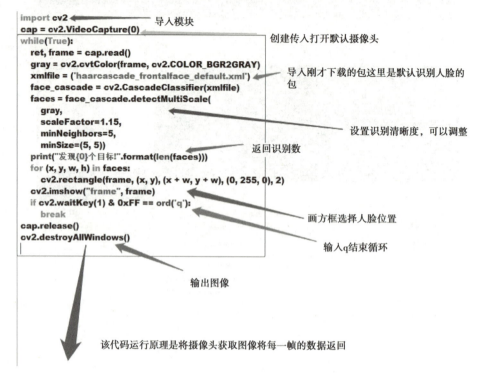

```
import cv2          ← 导入模块
cap = cv2.VideoCapture(0)     创建传入打开默认摄像头
while(True):
    ret, frame = cap.read()
    gray = cv2.cvtColor(frame, cv2.COLOR_BGR2GRAY)
    xmlfile = ('haarcascade_frontalface_default.xml')    导入刚才下载的包这里是默认识别人脸的包
    face_cascade = cv2.CascadeClassifier(xmlfile)
    faces = face_cascade.detectMultiScale(
        gray,
        scaleFactor=1.15,                      设置识别清晰度，可以调整
        minNeighbors=5,
        minSize=(5, 5))
    print("发现{0}个目标!".format(len(faces)))      返回识别数
    for (x, y, w, h) in faces:
        cv2.rectangle(frame, (x, y), (x + w, y + w), (0, 255, 0), 2)
    cv2.imshow("frame", frame)
    if cv2.waitKey(1) & 0xFF == ord('q'):          画方框选择人脸位置
        break
cap.release()                             输入q结束循环
cv2.destroyAllWindows()

输出图像
```

该代码运行原理是将摄像头获取图像将每一帧的数据返回

图 19.30　参考程序

124

19.2.3　运行结果

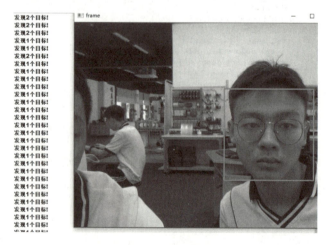

图 19.31　运行结果

图 19.32　运行结果

说明:因为 OpenCV 人脸识别存在缺陷,所以有时候会因为清晰程度不够而识别不出来,而且也不是百分百识别出,有时候也会把一些类似人脸的判定成人脸,但是可以调整参数来去除。

19.3　图片人脸识别

19.3.1　实施代码

软件安装同上,代码解析如下。

```
import cv2          导入模块
image = cv2.imread( '555.jpg')          选择图片路径          导入刚才下载的包
faceCascade = cv2.CascadeClassifier('haarcascade_frontalface_default.xml')    这里的是默认文件
gray = cv2.cvtColor(image,cv2.COLOR_BGR2GRAY)          图片转黑白          名称
faces = faceCascade.detectMultiScale(gray,scaleFactor = 1.15,minNeighbors = 5,minSize = (5,5))
print(faces)          返回位置
for(x,y,w,h) in faces:
    cv2.circle(image,(int((x+x+w)/2),int((y+y+h)/2)),int(w/2),(0,0,255),2)#BGR          设置BGR通
cv2.imshow('asdf',image)          道更改选择
cv2.waitKey(0)          输出图像          框的颜色
cv2.destroyAllWindows()
```

图 19.33　参考代码

19.3.2 运行结果

图19.34 运行结果

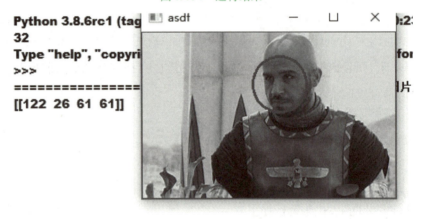

图19.35 运行结果

说明:因为 OpenCV 人脸识别存在缺陷,所以有时候会因为图片的清晰程度不够而识别不出来,而且也不是百分百识别出,有时候也会把一些类似人脸的判定成人脸,但是可以调整参数来去除。

19.4 颜色识别

安装软件同上,使用 Python 软件,利用 OpenCV 及 Numpy 模块进行对颜色小球的颜色识别并打印相应的颜色文字。

19.4.1　实施代码

（1）完整代码（图 19.36）

```
import numpy as np
import cv2

font = cv2.FONT_HERSHEY_SIMPLEX

lower_green = np.array([35, 43, 46])
upper_green = np.array([77, 255, 255])
lower_blue = np.array([100, 43, 46])
upper_blue = np.array([114, 255, 255])


cap = cv2.VideoCapture(0)
cv2.namedWindow('camera', cv2.WINDOW_AUTOSIZE)

while cap.isOpened():
    ret, frame = cap.read()   # 读取一帧
    if ret:
        if frame is not None:
            hsv_img = cv2.cvtColor(frame, cv2.COLOR_BGR2HSV)
            mask_green = cv2.inRange(hsv_img, lower_green, upper_green)   # 根据颜色范围删选
            mask_blue = cv2.inRange(hsv_img, lower_blue, upper_blue)   # 根据颜色范围删选
            mask_green = cv2.medianBlur(mask_green, 7)   # 中值滤波
            mask_blue = cv2.medianBlur(mask_blue, 7)
            mask = cv2.bitwise_or(mask_green, mask_blue)
            contours, hierarchy = cv2.findContours(mask_green, cv2.RETR_TREE, cv2.CHAIN_APPROX_SIMPLE)
            contours2, hierarchy2 = cv2.findContours(mask_blue, cv2.RETR_TREE, cv2.CHAIN_APPROX_SIMPLE)

            for cnt in contours:
                (x, y, w, h) = cv2.boundingRect(cnt)
                cv2.rectangle(frame, (x, y), (x + w, y + h), (0, 255, 255), 2)
                cv2.putText(frame, "Green", (x, y - 5), font, 0.7, (0, 255, 0), 2)

            for cnt2 in contours2:
                (x2, y2, w2, h2) = cv2.boundingRect(cnt2)
                cv2.rectangle(frame, (x2, y2), (x2 + w2, y2 + h2), (0, 255, 255), 2)
                cv2.putText(frame, "Blue", (x2, y2 - 5), font, 0.7, (255, 0, 0), 2)

            cv2.imshow("camera", frame)
            k = cv2.waitKey(1)
            if k == 27:
                break
cap.release()
cv2.waitKey(0)
cv2.destroyAllWindows()
```

127

图 19.36　参考代码

（2）代码解析

1）导入 Numpy 及 OpenCV 模块；定义程序的字体样式，并设置绿色和蓝色的上下限阈值（因为一次识别三种颜色不好识别出来，所以选择识别绿色和蓝色）。

```
import numpy as np
import cv2

font = cv2.FONT_HERSHEY_SIMPLEX

lower_green = np.array([35, 43, 46])
upper_green = np.array([77, 255, 255])
lower_blue = np.array([100, 43, 46])
upper_blue = np.array([114, 255, 255])
```

2）打开电脑内置摄像头，并命名为"camera"。

```
cap = cv2.VideoCapture(0)
cv2.namedWindow('camera', cv2.WINDOW_AUTOSIZE)
```

3）'while'循环摄像头内读取的每一帧进行颜色识别所需要的图像处理并绘制出图形轮廓和打印相应的颜色。

```
while cap.isOpened():
    ret, frame = cap.read()  # 读取一帧
    if ret:
        if frame is not None:
            hsv_img = cv2.cvtColor(frame, cv2.COLOR_BGR2HSV)
            mask_green = cv2.inRange(hsv_img, lower_green, upper_green)  # 根据颜色范围删选
            mask_blue = cv2.inRange(hsv_img, lower_blue, upper_blue) # 根据颜色范围删选
            mask_green = cv2.medianBlur(mask_green, 7)  # 中值滤波
            mask_blue = cv2.medianBlur(mask_blue, 7)
            mask = cv2.bitwise_or(mask_green, mask_blue)
            contours, hierarchy = cv2.findContours(mask_green, cv2.RETR_TREE, cv2.CHAIN_APPROX_SIMPLE)
            contours2, hierarchy2 = cv2.findContours(mask_blue, cv2.RETR_TREE, cv2.CHAIN_APPROX_SIMPLE)

            for cnt in contours:
                (x, y, w, h) = cv2.boundingRect(cnt)
                cv2.rectangle(frame, (x, y), (x + w, y + h), (0, 255, 255), 2)
                cv2.putText(frame, "Green", (x, y - 5), font, 0.7, (0, 255, 0), 2)

            for cnt2 in contours2:
                (x2, y2, w2, h2) = cv2.boundingRect(cnt2)
                cv2.rectangle(frame, (x2, y2), (x2 + w2, y2 + h2), (0, 255, 255), 2)
                cv2.putText(frame, "Blue", (x2, y2 - 5), font, 0.7, (255, 0, 0), 2)
```

4）显示内置摄像头读取的每一帧；最后利用 ASCLL 码设置按下"ESC"键退出（按一下关闭摄像头；按两下退出运行）。

```
        cv2.imshow("camera", frame)
        k = cv2.waitKey(1)
        if k == 27:
            break
    cap.release()
    cv2.waitKey(0)
    cv2.destroyAllWindows()
```

19.4.2　运行结果

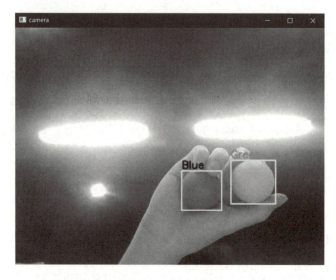

图 19.37　运行结果

参考文献

[1] 余凡.人工智能编程基础教程[M].武汉:华中科技大学出版社,2020.

[2] 仲照东.Scratch 趣味编程[M].北京:电子工业出版社,2013.

[3] 万云清,聂磊.图案设计与创意[M].武汉:湖北美术出版社,2021.

[4] 徐芳.布艺手工一本通[M].北京:化学工业出版社,2018.

[5] 郑菊花.餐饮服务与管理[M].北京:清华大学出版社,2019.

[6] 余琳.佛山剪纸教程.[M].广州:广东高等教育出版社,2021.

[7] 谢作如,张禄等.Arduino 创意机器人入门[M].2 版.北京:人民邮电出版社,2017.